房地产经营与管理研究

齐旭东　倪晓悦　李慧明◎著

中国商务出版社
·北京·

图书在版编目（CIP）数据

房地产经营与管理研究 / 齐旭东，倪晓悦，李慧明著. -- 北京：中国商务出版社，2023.8
ISBN 978-7-5103-4765-8

Ⅰ.①房… Ⅱ.①齐… ②倪… ③李… Ⅲ.①房地产管理—研究 Ⅳ.①F293.33

中国国家版本馆CIP数据核字(2023)第165800号

房地产经营与管理研究
FANGDICHAN JINGYING YU GUANLI YANJIU

齐旭东　倪晓悦　李慧明　著

出　　版：	中国商务出版社		
地　　址：	北京市东城区安外东后巷28号	邮　编：	100710
责任部门：	外语事业部（010-64283818）		
责任编辑：	李自满		
直销客服：	010-64283818		
总 发 行：	中国商务出版社发行部（010-64208388　64515150）		
网购零售：	中国商务出版社淘宝店（010-64286917）		
网　　址：	http://www.cctpress.com		
网　　店：	https://shop595663922.taobao.com		
邮　　箱：	347675974@qq.com		
印　　刷：	北京四海锦诚印刷技术有限公司		
开　　本：	787毫米×1092毫米　1/16		
印　　张：	12.75	字　数：	263千字
版　　次：	2024年4月第1版	印　次：	2024年4月第1次印刷
书　　号：	ISBN 978-7-5103-4765-8		
定　　价：	62.00元		

凡所购本版图书如有印装质量问题，请与本社印制部联系（电话：010-64248236）

CCTP　版权所有　盗版必究　（盗版侵权举报可发邮件到本社邮箱：cctp@cctpress.com）

目 录

第一章　房地产开发经营基础理论 …………………………………… 1
　　第一节　房地产开发经营管理概述 ……………………………… 1
　　第二节　房地产开发投资决策 …………………………………… 13

第二章　房地产市场营销 ……………………………………………… 52
　　第一节　房地产市场营销概述 …………………………………… 52
　　第二节　房地产产品策略与价格策略 …………………………… 58
　　第三节　房地产销售渠道策略及促销策略 ……………………… 66
　　第四节　房地产交易管理 ………………………………………… 76

第三章　房地产营销模式与活动策划 ………………………………… 82
　　第一节　房地产营销模式 ………………………………………… 82
　　第二节　房地产活动策划 ………………………………………… 101

第四章　房地产开发项目融资及管理 ………………………………… 105
　　第一节　房地产开发项目融资 …………………………………… 105
　　第二节　房地产开发项目管理 …………………………………… 120

第五章　房地产项目成本管理 ………………………………………… 130
　　第一节　房地产项目成本优化管理 ……………………………… 130
　　第二节　房地产项目成本控制 …………………………………… 139

第六章　房地产建设项目质量与进度控制管理 …………………………… 154

　　第一节　房地产建设项目质量控制 ………………………………… 154

　　第二节　房地产建设项目进度控制 ………………………………… 184

参考文献 ………………………………………………………………………… 195

第一章 房地产开发经营基础理论

第一节 房地产开发经营管理概述

一、房地产的基本概念

（一）房地产

1. 房地产概念

房地产是房产和地产的总称，指土地定着物及其附带的各种权益。定着物是指附着于土地，在与土地不可分离的状态下才能使用的物体，如建筑物、构筑物等。

房产是指建筑在土地上的各类房屋，例如，居住用途的住宅、写字楼、生产用途的厂房、看病就医用途的医院等各种设施用房；地产是指土地及其上下的一定空间，包括地下的各种基础设施、水域以及地面道路等。

房地产有广义与狭义之区别，广义的房地产概念是指土地与土地上的建筑物及其衍生的权益，还包括水源、森林与矿藏等自然资源；狭义的房地产概念则仅指土地与土地上的建筑物及其衍生的权益。

房地产是实物、权益和区位三者的结合体。实物是房地产的物质实体部分，包括建筑物的结构、设备、外观和土地的形状及基础设施完备状况等。权益是指由房地产实物所产生的权利和收益，房地产交易不仅仅是实物交易，更重要的是权益交易，因此，房地产登记在房地产交易过程中具有特别重要的地位。房地产产权包括所有权、使用权、租赁权、典权和地役权等。区位是房地产实体在空间和距离上的关系，除了地理坐标位置，还包括可及性。房地产的位置具有固定性，因此，区位对房地产价值的影响是特别重要的。

2. 房地产类型

随着房地产项目规模的扩大，其种类也趋于多样化，单纯只有一种用途的房地产项目很少。房地产的分类有不同的划分标准。

（1）按经营使用方式划分

可以划分为出售型房地产、出租型房地产、营业型房地产和自用型房地产。

（2）按是否产生收益划分

可以划分为收益型房地产和非收益型房地产。

（3）按用途划分

可以划分为以下几类：

①商业房地产，包括商业店铺、购物中心、百货商场、酒楼、餐馆、游乐场、饭店、酒店、宾馆、旅店等。商业房地产对开发商的要求很高。开发商一是要有雄厚的资金实力；二是要有极强的项目操盘和掌控能力；三是要有很强的招商和市场感召能力；四是要有完善的售后或招商后的服务和经营管理能力。

②办公房地产，包括写字楼、政府办公楼等。办公楼也称为写字楼，它是近代社会分层和商品经济发展的产物，目前已成为房地产中的一个重要业态。写字楼开发建设目的主要有两种：一是出售，二是出租。

③居住房地产，包括普通住宅、公寓、别墅等。在现代城市中，居住房地产一般要占城市房地产总量的一半以上。

④工业房地产，包括工业厂房、仓库等。工业房地产也称标准厂房。标准厂房的开发建设周期比住宅和写字楼短，但最快也要半年时间。生产性企业一般采取以租代售或直接购买形式拥有厂房。所谓以租代售，就是在一定时间内，采取租赁的方式使用厂房，待条件成熟时，把已付的租金折成房价的一部分，支付完剩余房款后，拥有完全产权的厂房。标准厂房行业就因此而产生。

⑤农业房地产，包括农场、牧场、果园、观光农业基地等。

⑥特殊房地产，包括车站、机场、学校、医院等。

（二）房地产的特性

房地产与其他物品相比，有着明显的自身特征。具体来说，主要包括以下几点：

1. 位置固定性

房地产是不可移动的，因而其位置是固定的。也就是说，房地产的相对位置是固定不变的。可以说，地球上没有完全相同的两宗房地产，即使两宗房地产的地上建筑物设计、结构和功能等完全相同，土地位置的差异也会造成价格的差异。房地产的不可移动性决定了房地产的开发利用受制于其所处的空间环境。房地产市场是一个区域性市场，房地产的供求状况和价格水平在不同地区之间是不同的。这里值得注意的是,房地产的自然地理区位是固定不变的,但其经济地理区位和交通地理区位是会发生变化的。

2. 长期使用性

土地具有不可毁灭性,在正常使用条件下可以永久使用。房屋一经建成,也可以使用数十年甚至上百年。因此,房地产是具有长期使用性的物品。

3. 高价值性

房地产不仅具有使用价值,而且具有较高的观赏价值。各种建筑物及其配套设施、设备以及场地的综合价值极高,特别是在人口密集、可用土地稀少的地区。无论从个人家庭还是从一个国家来看,房地产价值都高于一般商品或财产的价值。购买一处房产,少则十几万元,多则几十万或成百上千万元,投资开发一处房产,所需要的资金数量更加庞大。房地产的高价值性使得房地产投资和消费均需金融机构的支持。

4. 保值增值性

随着社会经济的发展与人口的不断增加,房地产需求不断增长。由于受土地总量的限制,可供建筑房屋的土地面积是有限的,房地产开发的数量也受到限制。因此,房地产价格总体上呈不断上升的趋势,即房地产具有保值与增值的性质。

房地产既可以用于居住、使用,达到消费性目的,也可以用于投资,达到保值、增值的目的。几个世纪以来,房地产一直是一种有吸引力的、令人欣赏的投资对象。房地产的投资性和消费性不易区分,在房地产价格长期上涨的情况下,房地产常被视为投资工具,反之则更具有消费性。房地产不可能像其他物品一样被窃取,因而是一种相对安全的投资品。

5. 易受政策影响性

房地产受政府法令和政策的限制、影响较大。例如,政府基于公共利益,可限制某些房地产的使用;城市规划对土地用途、建筑容积率、建筑覆盖率、建筑高度和绿地率等进行规定;政府为满足社会公共利益的需要,可以对房地产实行强制征用;为了房地产市场的良性发展,政府会通过各种政策加以引导。

(三) 房地产业

房地产业是指专门从事房地产生产经营服务的部门经济行业,涉及房地产投资开发、建设、销售、物业管理及相关增值服务等。我国的《国民经济行业分类和代码》将房地产业列为K类,包括五个方面:K7010房地产开发经营,指房地产开发企业进行的房屋、基

前　　言

近年来，市场经济的不断发展为我国房地产行业带来新的发展机遇的同时，也带来了各种各样的挑战。作为市场经济必不可少的组成部分，房地产行业只有紧跟时代发展的步伐，不断提升经济效益以及社会效益，才能获得长足的发展。而在实际发展的过程中，经营管理模式的选择和应用可对房地产管理产生直接性的影响。为提高房地产经营管理的科学性、合理性以及全面性，在实际管理的过程中，则需要选用最优途径，以此才能实现预期的总体目标。房地产企业进行经营管理时，要使自身的发展能更好地促进我国经济发展，要对当前的经营管理做出全面分析，对当前的管理方式和目标做出具体的改革，从而在根本上使房地产的经营管理水平得到提升，并促进我国经济的平稳发展。

本书是房地产经营与管理方面的著作，主要研究我国房地产经营与管理的发展与变化，从房地产开发经营基础理论介绍入手，针对房地产市场营销、房地产营销模式与活动策划进行了分析研究；另外对房地产开发项目融资及管理、成本管理做了一定的介绍；还对房地产建设项目质量与进度控制管理提出了一些建议；旨在摸索出一条适合房地产经营与管理工作创新的科学道路，帮助其工作者在应用中少走弯路，运用科学方法，提高效率。

写作过程中，得到了很多宝贵的建议，在此表示感谢。同时，作者参阅了大量的相关著作和文献，在参考文献中未能一一列出，在此向相关著作和文献的作者表示诚挚的感谢和敬意，同时也请对不周之处予以谅解。由于作者水平有限，编写时间仓促，书中难免会有疏漏不妥之处，恳请专家，同行不吝批评指正。

作者

2023 年 5 月

础设施建设等开发，以及转让房地产开发项目或者销售、出租房屋等活动；K7020物业管理，是指物业服务企业按照合同约定，对房屋及配套的设施设备和相关场地进行维修、养护、管理，维护环境卫生和相关秩序的活动；K7030房地产中介服务，是指房地产咨询、房地产价格评估、房地产经纪等活动；K7040自有房地产经营活动，是指房地产开发商、房地产中介、物业公司以外的单位和居民住户对自有房地产（土地、住房、生产经营用房和办公用房）的买卖和以营利为目的的租赁活动，以及房地产管理部门和企事业、机关提供的非营利租赁服务，还包括居民居住自有住房所形成的住房服务；K7090其他房地产业。房地产业属于服务业，其性质为第三产业。

房产业关系到房地产开发投资商、房地产发展商、房地产中介及评估等服务机构、房地产金融机构、房地产立法及执法机构、房地产科研机构等，房地产经营的全过程包括生产、流通、消费三大环节。

1. 生产环节

生产环节是指通过对土地进行劳动和资本投入，进行房屋和基础设施建设，获得房地产商品的过程。其前提条件是获得可供开发的土地。国家可以依法征用集体所有的土地或已经投入使用的城市土地，然后通过协议、招标、拍卖等方式，有偿有期限地将国有土地使用权出让给房地产开发公司或建设用地单位。由公司或用地单位组织进行房地产开发等活动，这是房地产开发中的主要活动，实际上属于土地与房屋开发。

土地开发是指在依法取得国有土地使用权的前提下，对土地进行地面平整、建筑物拆除、地下管线铺设和道路基础设施建设等，使土地满足生产和生活使用需要的过程。城市土地开发，狭义上指将农业用途的土地转变成为城市综合用地；从广义上讲则指的是包括旧城区拆迁改造在内的城市土地综合利用。

房屋开发是指城市各类房屋的开发建设，涵盖从房屋建设的规划、设计、配套施工至房屋建成交付使用的整个过程。

2. 流通环节

该环节主要包括房地产买卖、租赁及抵押。房地产买卖是指以房屋所有权和土地使用权为客体的交易行为。由于房地产是不动产，具有不可移动性，买卖的只能是房地产产权，其交易活动始终贯穿着权属转移管理。

房地产租赁是房地产的"分期出售"，房地产所有者通过租金的形式逐步收回成本和利润，其实质仍然是买卖关系。

房地产抵押，指以单位或个人的一定量的房地产作为如期偿还借贷的保证物，向银行

1. 一级资质

（1）从事房地产开发经营 5 年以上。

（2）近 3 年房屋建筑面积累计竣工 30 万平方米以上，或者累计完成与此相当的房地产开发投资额；

（3）连续 5 年建筑工程质量合格率达 100%。

（4）上一年房屋建筑施工面积 15 万平方米以上，或者完成与此相当的房地产开发投资额。

（5）有职称的建筑、结构、财务、房地产及有关经济类的专业管理人员不少于 40 人，其中具有中级以上职称的管理人员不少于 20 人，持有资格证书的专职会计人员不少于 4 人。

（6）工程技术、财务、统计等业务负责人具有相应专业中级以上职称。

（7）具有完善的质量保证体系，商品住宅销售中实行了《住宅质量保证书》和《住宅使用说明书》制度。

（8）未发生过重大工程质量事故。

2. 二级资质

（1）从事房地产开发经营 3 年以上。

（2）近 3 年的房屋建筑面积累计竣工 15 万平方米以上，或者累计完成与此相当的房地产开发投资额。

（3）连续 3 年建筑工程质量合格率达 100%。

（4）上一年房屋建筑施工面积 10 万平方米以上，或者完成与此相当的房地产开发投资额。

（5）有职称的建筑、结构、财务、房地产及有关经济类的专业管理人员不少于 20 人，其中具有中级以上职称的管理人员不少于 10 人，持有资格证书的专职会计人员不少于 3 人。

（6）工程技术、财务、统计等业务负责人具有相应专业中级以上职称。

（7）具有完善的质量保证体系，商品住宅销售中实行了《住宅质量保证书》和《住宅使用说明书》制度。

（8）未发生过重大工程质量事故。

3. 三级资质

（1）从事房地产开发经营 2 年以上。

（2）房屋建筑面积累计竣工 5 万平方米以上，或者累计完成与此相当的房地产开发投资额。

或其他信贷机构作抵押，取得贷款；贷款到期，借贷者还本付息，同时交纳所抵押品的保管费用，若到期无力偿还贷款，银行或其他贷款机构有权处理抵押品，所得资金首先用于归还贷款。

3. 消费环节

经过市场交易活动，房地产转移到使用者手中，进入消费环节。作为不动产的房产和地产，具有位置固定性和长期使用性，可循环使用，不断增值。因此，在房地产的长期消费过程中，要进行社会化的管理和服务，包括房地产产业管理和房地产产权产籍管理，还有售后的维修保养和有关的物业管理服务。

二、房地产开发经营概述

（一）房地产开发经营的概念

1. 房地产开发的含义

房地产开发是房地产业中最基本、最主要的经济活动内容。房地产开发是一个动态过程，具体地说，是指房地产企业按照城市规划的要求，对土地开发和房屋建设进行"全面规划、合理布局、综合开发、配套建设"，以及相应的房地产营销与物业管理，以取得良好的经济效益、社会效益和环境效益为目的的综合性生产经营活动。

房地产开发按开发的配套程度、统一性及规模可划分为综合开发和单项开发两种形式；按开发建设对象可划分为土地开发、房屋开发、房屋土地综合开发三种形式；按土地开发区域及程度可划分为生地开发（即新区开发）和旧城土地再开发（即旧城改造）两种形式。

2. 房地产经营的含义

房地产经营的含义有狭义和广义之分。狭义的房地产经营主要是指建筑地块和房屋的流通过程，包括销售、交易、租赁和物业管理等经济活动的过程。广义的房地产经营概念除了房产、地产或房地产的转让或租赁活动外，还包括房地产投资、房地产建设、房地产信托、房地产抵押、房地产中介、房屋修缮、物业管理、建筑装潢等一系列活动。

综上所述，房地产开发经营就是指房地产开发企业在城市规划区内国有土地上进行基础设施建设、房屋建设，并转让房地产开发项目或从事房地产商品的租售、服务管理等活动的总和。

(二) 房地产开发经营的特征

房地产开发是房地产业中最基本、最主要的物质生产活动，同时又在城市建设中担当着重要角色。房地产开发具有自身的特征。

1. 房地产开发过程具有长期性

房地产开发从投入资本到资本回收，从破土动工到形成最终产品，需要经过立项、规划设计、征地拆迁、施工建设、竣工验收等几个工作阶段，因此，整个过程往往需要较长的时间。一般来说，普通的开发项目需要2~3年时间，规模稍大的综合性项目需要4~5年，而一些成片开发的大型项目需要的时间则更长。并且，这一过程与资金是否及时到位关系重大，由于房地产商品价值大，在房屋建成后进行交易时，普遍采用分期付款、抵押付款等方式，使得房地产的投入资金回收缓慢。

2. 房地产开发具有很强的地域性

房地产具有不可移动的性质，由此，房地产的使用、价值、市场等带有强烈的地域性特征，从而使房地产开发投资更为地域所限制。开发项目受区位与地段的影响非常大，房地产开发的地域性主要表现在投资地区的社会经济特征对项目的影响。在不同城市或者同一城市中不同的区位与地段进行房地产开发，其开发项目的销售状况和价格差别很大。因而，这就要求房地产开发企业认真研究市场，针对不同地域和地段，进行策划，制订相应的房地产开发方案。

3. 地产开发具有较高的风险性

由于房地产经营具有投资额大，生产周期长，生产过程环节多等特点，受各种因素制约较多，整个经营活动过程就会受到影响，必然使得房地产开发经营活动是一项风险较大的经济活动。房地产开发受政府对房地产业的宏观政策、国民经济水平、市场行情、利率及财务风险、自然风险等影响，这些都会对房地产开发经营的经济效益、社会效益和环境效益产生较大的影响。然而，风险与报酬同在，房地产开发又是一种高收益的经济活动。

4. 房地产开发具有综合性

房地产开发在开发过程中不仅要对建筑地块或房屋进行有目的的建设，而且要对被开发地区的一些必要公用设置、公共建筑进行统一规划，协调建设。尤其是住宅开发，更要以综合思想来对居住用房、服务用房、文教卫生用房、福利及娱乐设施用房等实行配套建设。另外，房地产开发过程中涉及的部门与关系很多，不仅要涉及规划、设计、施工、供电、供水、电信、交通、教育、卫生、消防、环境和园林等部门，而且还通过集体土地征收和国有土地房屋征收、安置等工作与居民的生活密切联系。每一个开发项目所涉及的土地条件、融资方式、建筑设计与施工技术的要求、市场竞争情况等都不一样，需要开发商全面地进行综合分析，统筹安排，制订最佳开发方案。

三、房地产开发经营的内容

房地产开发经营是指将土地以及房屋和有关的市政、公建配套设施结合起来进行建设的开发方式。这种开发方式往往是由一个开发企业负责，从投资决策到土地使用权的获取，从基地的建设，房屋以及小区内市政、公建配套设施的建造，到房屋的租售和管理，实施全过程开发。这种开发方式也是目前我国绝大多数房地产开发企业采取的一种开发方式。

（一）土地开发

土地开发是指土地开发企业通过征地、拆迁、安置等，将土地开发成具有"七通一平"条件（供水、排水、供电、供热、供气、通信、道路畅通和场地平整）的建房基地，然后通过协议、招标、拍卖或挂牌等方式，再将其使用权转让给其他房地产开发企业进行房屋建设的一种开发经营方式。根据土地开发的区域及程度不同，土地开发可分为生地开发和旧城土地再开发两种形式。

1. 生地开发

生地开发就是将"生地"变为"熟地"，为了城市建设和发展需要，在符合城市总体规划的前提下，对征用近郊区及规划控制区域范围的土地，进行供排水、供电、道路等市政基础设施、公用设施的建设，达到场地平整，形成建设用地条件的开发活动。

若所征用的土地为集体所有制土地，首先需要有偿转变土地所有制的性质，即通过征用、补偿将其转变为国家所有的土地，涉及补偿的项目有：征用土地补偿费、征用土地附着物和青苗补偿费、新菜地开发基金、劳动力安置补助费等。

通过出让方式取得土地使用权后，必须进行一定基础设施建设才能进行转让，不得"炒地皮"，而且不能将土地闲置。根据有关政策，除不可抗力的自然因素和政府及有关部门的行政行为外，超过一年未开工的按地价款20%以下征收土地闲置费，满两年未开工的可无偿收回土地使用权。

2. 旧城土地再开发

旧城土地再开发是指老城区土地的更新与改造，属于熟地开发范畴。由于老城区人口高度密集，住房拥挤，房屋陈旧，基础设施差等严重阻碍了城市整体功能的正常发挥，需要对老城区加以改造，以适应人们现代生活的发展需要。旧城土地再开发，主要通过提高规划设计水平来有效利用旧城土地。旧城土地再开发最重要的是要搞好原有居民的拆迁安置以及道路、市政管网等配套设施的改造。

（二）房屋开发建设

房屋开发建设是指房地产开发企业以一定的方式获得地块的使用权后，按照规划要求建造各类房地产商品，如住宅、办公楼、商业用房、娱乐用房等。

房屋开发建设包括房屋的新建和再建。对生地开发完毕后进行规划、设计、建设的行为称为房屋新建；对旧城的拆迁、改造称为旧房改建。

（三）城市构筑物及基础设施建设

城市构筑物及基础设施建设是城市基本功能的一部分，在进行土地开发、房屋建设的同时，要积极稳妥地搞好城市构筑物及基础设施建设。

（四）房地产交易

房地产开发是房地产开发经营的首要环节，而房地产交易则是联系生产和消费的中心环节，是十分重要的经营环节。开发企业只有通过交易才能实现生产资金的回笼，生产部门价值才能得以体现并实现再生产。房地产交易包括土地使用权出让、转让和房屋的出售、租赁、交换以及房地产抵押等。

（五）房地产中介

市场经济离不开市场中介。房地产中介服务是房地产市场发展到一定程度而出现的一种特殊行业，它是指在房地产投资、建设、交易以及消费等各个环节中为当事人提供中间服务的经营活动。房地产中介机构包括房地产咨询、房地产价格评估、房地产经纪等机构。

房地产中介服务有两个明显的特征：委托服务和有偿服务。委托服务就是要受当事人的委托，提供当事人所要求的特定服务；有偿服务决定了房地产中介从事的是一种服务性的经营活动。

房地产咨询机构以房地产知识和技术为基础，通过对特定信息进行加工，为开发商解决开发建设过程中的各种技术问题。房地产价格评估机构按照商品经济的一般规律，分析影响房地产价值的各种因素，以货币形态科学地反映房地产商品的价值。房地产经纪机构是为房地产买卖、交换、租赁等提供信息的中介服务机构。

（六）物业管理

随着居民生活水平的提高，人们对居住质量的要求逐步提高，物业管理应运而生。所谓物业管理，简单地说就是指物业服务企业受物业所有人的委托，依据委托合同，对房屋及其设备、市政公用设施、绿化、卫生、交通、治安和环境等项目进行维护修缮和整治，并向物业所有人和使用人提供综合性的有偿服务。

四、房地产开发企业及其管理

（一）房地产开发企业的设立

1. 设立条件

房地产开发企业在我国是改革开放的产物。房地产开发企业是以营利为目的，从事房地产开发和经营的企业。根据《中华人民共和国城市房地产管理法》和《城市房地产开发经营管理条例》，设立房地产开发企业，应当具备下列条件：

（1）有符合公司法人登记的名称和组织机构。

（2）有固定的经营场所。

（3）注册资本在 100 万元以上。

（4）有 4 名以上持有资格证书的房地产专业、建筑工程专业的专职技术人员，2 名以上持有资格证书的专职会计人员。

（5）法律、行政法规规定的其他条件。

2. 开发企业的人员构成

房地产开发过程有很多环节，涉及面广，这其中既有复杂的技术性工作，又有头绪纷繁的管理工作，完成这样一项综合性的工作，需要有一支结构合理、配合默契的专业队伍。一般来说，一个房地产开发企业的人员包括三类：第一类是管理人员，主要从事企业的经营管理工作，如行政管理、经济管理、财务管理、人事管理等；第二类为专业人员，是企业中负责策划、征地、拆迁、销售等经营业务的工作人员；第三类是工程技术人员，是从事技术工作或技术管理的人员，当然，在实际工作中，不少工程技术人员同时兼任管理者。具体来说，房地产开发企业中至少应具有六个方面的专业人员。

(1) 建筑师

在房地产开发中,建筑师一般承担开发用地的规划方案设计、房屋建筑设计、建筑施工合同管理工作。建筑师不一定要亲自完成设计工作,但应作为主持人员组织或协调这些工作。在工程开发建设中,建筑师还负责施工合同的管理、工程进度的控制。一般情况下,建筑师应定期组织技术工作会议、签发与合同有关的各项任务书、提供施工所需图纸资料、协助解决施工中的技术问题。

(2) 工程师

房地产开发需要不同专业的工程师来进行结构、供暖、给排水、供电以及空调或其他电气设施等设计。工程师还要负责合同签订、建筑材料购买、建筑设备订货、施工监督、协助解决工程施工中的技术问题等项工作。

(3) 会计师

会计师从事开发公司的经济核算工作,从全局的角度为项目开发提出财务安排或税收方面的建议,包括财务预算、工程预算、付税与清账、合同监督等,并及时向开发公司负责人通报财务状况。

(4) 经济师及成本控制人员

经济师及成本控制人员负责开发成本的费用估算、编制工程成本计划、对计划成本与实际成本进行比较、进行成本控制等项工作。

(5) 估价师及市场营销人员

估价师的任务就是在租售之前对开发的产品进行估价,确定房地产的租金或售价水平,这要在充分掌握市场行情和成本资料的基础上方可进行。市场营销人员的任务就是预测客户的数量、租售策略的制定与实施、办理出租出售手续,同时还包括租售方法的协商、租售价格水平的预测等工作。

(6) 律师与代理人

律师参与房地产开发的全过程,如在获得土地使用权时,签订土地出让或转让合同,工程施工前签订承发包合同,出租或出售物业时签订出租或出售合同等。代理人一般情况下是受开发商的委托出面处理一些法律及实际问题、隐蔽事件和不符合实际的情况。

(二) 房地产开发企业的资质管理

为了加强房地产开发企业资质管理,规范房地产开发企业经营行为,国家对房地产开发企业实行资质管理。目前,房地产开发企业按照企业条件分为四个资质等级,各资质等级企业的条件如下:

（3）连续2年建筑工程质量合格率达100%。

（4）有职称的建筑、结构、财务、房地产及有关经济类的专业管理人员不少于10人，其中具有中级以上职称的管理人员不少于5人，持有资格证书的专职会计人员不少于2人。

（5）工程技术、财务等业务负责人具有相应专业中级以上职称，统计等其他业务负责人具有相应专业初级以上职称。

（6）具有完善的质量保证体系，商品住宅销售中实行了《住宅质量保证书》和《住宅使用说明书》制度。

（7）未发生过重大工程质量事故。

4. 四级资质

①从事房地产开发经营1年以上；

②已竣工的建筑工程质量合格率达100%；

③有职称的建筑、结构、财务、房地产及有关经济类的专业管理人员不少于5人，持有资格证书的专职会计人员不少于2人；

④工程技术负责人具有相应专业中级以上职称，财务负责人具有相应专业初级以上职称，配有专业统计人员；

⑤商品住宅销售中实行了《住宅质量保证书》和《住宅使用说明书》制度；

⑥未发生过重大工程质量事故。

（三）房地产开发公司的业务范围

根据我国《房地产开发企业资质管理规定》，各资质等级企业应当在规定的业务范围内从事房地产开发经营业务，不得越级承担任务。各资质等级房地产开发企业的从业范围如下：

一级资质的房地产开发企业承担房地产项目的建设规模不受限制，可以在全国范围承揽房地产开发项目。

二级资质及二级资质以下的房地产开发企业可以承担建筑面积25万平方米以下的开发建设项目，承担业务的具体范围由省、自治区、直辖市人民政府建设行政主管部门确定。

五、房地产业在国民经济中的地位和作用

（一）为国家提供巨额的财政收入

政府从房地产业中取得的财政收入主要包括国有建设用地使用权出让金收入和各项房

地产税收收入。我国国有土地使用权的有偿出让，为城市建设提供了稳定的财政来源。我国来自土地的收益，一般的城市为财政收入的 25% 左右。随着我国房地产业的快速发展，房地产业的相关税收也在快速增长。

（二）促进相关产业的发展

房地产业是产业链长、关联度大的产业，能够直接或间接地引导和影响相关产业的发展。同时，住宅消费的提高还能带动建材、化工、家电、装饰及家具等生产资料和生活资料消费的相应增长，国家常用的住宅商品的带动系数是 1∶1.34。

（三）对金融业的推动作用

房地产业与金融业有着密切的关系。房地产业的投资额度大、资金周转期长，房地产业的发展仅靠开发商自有资金是难以实现的，必须依靠金融业的大力支持；与此同时，房地产业因预期投资收益率高、居民住房抵押贷款风险小等特点，也是吸引金融业投资的重要领域。因此，房地产业的景气会带动金融业的兴旺；房地产业低迷，首当其冲受损的就是金融业。只要做好金融风险的规避与防范，发展房地产金融就大有作为。

（四）城镇居民居住水平得到提高

长期以来，国家为了改善居民居住条件，提高人民的生活水平，不断加大对城镇住宅的投资力度。特别是改革开放以来，随着住房商品化、社会化程度的提高，大量的商品住宅、经济适用住房入市，城镇居民居住水平得到显著提高。

第二节　房地产开发投资决策

一、房地产开发的基本程序及其机构设置

（一）房地产开发的主要工作阶段

房地产开发是一项纷繁复杂的工作，一般划分为四个阶段，即投资决策分析阶段、前期工作阶段、项目建设阶段和竣工验收与交付使用阶段，每一个阶段的工作都有不同的内容。从确立房地产的投资意向到开发投资再到项目的竣工验收、租售以及物业管理等，这

些阶段可分为以下九个过程，即信息资料搜集、投资机会寻找、机会优选、可行性研究、土地使用权获取、规划设计与方案报批、有关合作协议的签署、工程建设与竣工验收、房屋租售与物业管理。

1. 投资决策分析阶段

投资决策分析是整个开发过程中最为基本、最为重要的一项工作，其目的就是通过一系列的调查研究和分析，为房地产开发企业选择一个最佳的、可行的项目开发方案或舍弃项目提供依据。这一阶段主要的内容包括房地产开发投资区位的选择和房地产开发项目可行性研究两个方面。

一般来说，房地产开发投资区位的选择包括投资区域及其区域内具体地段的选择两个方面。投资区域的选择主要指某一国家、某一地区、某一城市的选择，区域内具体地段的选择主要指所在城市规划区内的某个具体地块的选定。

开发商根据各个渠道获得多种信息，形成一个开发项目的初步设想，进一步进行市场综合分析，并通过与城市规划部门、土地管理部门及其他的建造商、投资商接触，使项目设想具体化。

项目的可行性研究即在项目选择之后，对拟投资开发的房地产项目进行全面的经济技术调查研究，论证该项目技术上是否可行、财务上是否盈利、综合效益是否可观的研究过程，目的在于通过科学决策，减少或避免投资决策的失误，提高经济效益、社会效益和环境效益。

可行性研究，在经营方面，分析房地产市场状况，提出预售的目标市场和销售渠道；在规划设计和建设方面，确定房屋的类型，规划设计特色、布局结构，选择所需的设备、原材料和各种物资供应的来源；在财务方面，估算所需投资，研究项目的获利能力、偿还资金能力，提出运用资金的最佳方案；在管理方面，提出如何提高效率来进行项目的开发；在社会环境方面，主要从综合效益出发，评价项目的经济效益、社会效益和环境效益。

2. 前期工作阶段

前期工作阶段是确定了具体的项目以后，从获取土地使用权到项目开工建设之前的工作阶段。该阶段的主要工作是征地、拆迁、工程勘探设计、设计方案报批以及场地的"七通一平"等。

3. 项目建设阶段

这是经过招投标、工程发包后，在一个特定的项目地点，在预算内分摊投资成本来开发建设特定的建筑物的工作过程。在工程建设阶段，投资者的主要任务是使建筑工程成本支出不突破预算并确保工程按质如期完工。

4. 竣工验收与交付使用阶段

竣工验收工作是全面考核建设成果的最终环节，是由开发商组织设计部门、建设单位、使用者、质量监督部门及其他相关管理部门，按照被批准的设计文件所规定的内容和国家规定的验收标准来进行综合检查。验收合格的工程方可办理交付使用手续，进入使用管理。随后进入营销管理阶段，这是开发与经营相衔接、相交叉的阶段，通常包括房屋租售、售后管理等内容。这个阶段的主要内容是租售工作。开发一个项目的最终目的是通过房屋租售使房屋的使用价值和价值得到实现。尽管开发商在项目建设阶段可以预售一部分，但许多房屋是在竣工后进入市场的，因此，当项目竣工验收后，开发商的主要工作就是采取有效的营销手段，促进房屋的租售，以尽快回收资金，保证收益。

房屋租售出去以后还有一项重要工作即物业管理，其主要任务是保证入住者方便、安全地使用物业及配套设施，为其提供一系列生活服务，并通过维护、修缮等工作来保证物业的使用寿命及价值。物业管理与入住者关系密切，因而对开发商的市场信誉有很大影响，开发商必须进行有效的物业管理，以保持建成后的物业对租客的吸引力，延长其经济寿命，达到获得理想的租金回报和使物业保值、增值的目的。

（二）房地产开发过程的主要参与者

一般来说，开发过程的主要参与者有开发商、建筑承包商、政府部门、金融机构、房地产交易所和物业服务公司。

1. 开发商

开发商是项目的出资者、组织者、管理者与协调者，参与整个开发过程。在投资决策分析阶段，开发商必须亲自组织或聘用专业人员或委托专业公司对项目进行可行性分析，进行总体策划的构思；在前期工作阶段，开发商需要与政府部门接触，获得用地许可和市政、公建配套计划，需要组织专业技术人员进行规划设计，需要组织拆迁安置工作；在项目建设阶段，开发商以合同形式将工程发包给建筑承包商施工，聘用专业监理人员对建设全过程进行监督，开发商还要时常视察工地，与监理人员定期会晤，以便及时解决施工过程中出现的问题；工程完工后，要抓紧落实"后配套"，并由开发商出面，组织有关部门对工程进行综合验收；最后，由开发商自行或委托中介机构进行房屋租售，使房屋投入使用。

开发商作为整个开发过程的执行者、组织者，其主要目的是通过项目的实施为社会提供实实在在的房地产商品，并获得预期的经济效益、社会效益和环境效益。

2. 建筑承包商

房地产开发最终是为社会生产出一批合格的建筑产品，建筑承包商是开发过程的重要参与者，没有建筑承包商的参与，诸多工程计划将无法付诸实施。建筑承包商按照合同的要求，组织人员、设备、技术进行施工，是建筑产品质量的直接负责人。建筑承包商只有同开发商紧密配合，才能使项目开发达到预期目的。

3. 政府部门

在房地产开发经营过程中，政府及政府机构既有监督、管理的职能，又提供有关服务，因此，政府对房地产开发是否成功起决定性作用。

政府部门主要是以房地产开发活动的行政管理者身份而参与其中的。开发活动中的不少环节需要经过政府有关部门的审批许可和协调，如审批发放建设用地许可证，审批规划设计方案，发放施工执照，协调市政、公建配套计划等，因此，政府部门是以法规、政策、经济等手段对开发活动进行管理与控制的。政府部门有时也以开发商的身份，进行安居房的建设、基础设施及其他一些公益项目的建设，主要目的是改善人民的居住条件，提高环境质量，满足公众的整体需求。某些重大项目也可由政府部门作为开发及投资主体组织进行。

4. 金融机构

房地产开发需要巨额投资，向金融机构申请贷款是开发商筹资的最主要的方法，因此，金融机构在房地产开发中是以资金的最主要提供者身份而参与其中的。这既是房地产发展的内在要求，也是金融业自身发展的客观需要。从总体上来看，房地产金融机构有几种不同的分类。按市场功能划分，有银行与非银行金融机构；按对房地产参与程度划分，又可分为专业性房地产金融机构和非专业性房地产金融机构。在各商业银行中，中国建设银行开展房地产金融业务最为普遍，成为整个银行体系中房地产金融业务的主要开办者。各专业银行开办房地产金融业务时均以其所设立的房地产信贷部的名义出现。

5. 房地产交易所

作为具体管理房地产的转让、抵押和租赁等交易行为的常设机构，房地产交易所对房地产商品的顺利销售、产权登记和权属转移鉴定起决定性作用。开发商在房地产营销阶段的活动或者是房地产商品的需求者购置房地产，并不一定要在交易所进行，可以在"场外"市场进行，但成交后的价格申报、产权登记和权属转移鉴定却离不开交易所。目前，政府房管部门所属的交易所执行政府的房地产交易政策，与物价、税务等部门合作，对房地产交易市场的价格、产权、税收等方面进行综合管理。

6. 物业服务公司

物业管理是房地产开发的售后服务。由于房地产商品的价值不仅直接取决于建造过程中的设计、原材料、设备和装修的成本费用，还受到使用、维修、地理位置环境和经营气氛的支配影响，所以需要社会化、专业化的物业服务公司的参与，进行有效的物业管理，以保持物业对租客的吸引力，延长其经济寿命，进而达到获得理想的租金回报和使物业保值、增值的目的。随着市场经济的发展，物业服务公司和物业管理市场将有大的发展。

二、房地产开发项目投资决策概述

（一）项目投资决策的含义

1. 决策与房地产投资决策

企业经营决策是企业管理工作的核心，而企业的经营战略决策更对一个企业的兴衰成败起着决定性作用。国家要对各种国内外重大活动进行决策，在技术、经济领域更面临大量需要进行决策分析的问题，上面所谈的决策，总体来讲是指人们在各种可供选取的方案中做出抉择的行为，从广义来讲，决策还包括人们解决问题的思维过程。

在决策分析中，信息是非常重要的。信息一般包括两种不同的类型：一种是数据信息；另一种是知识信息。数据信息包括原始数据、计算结果等，而知识信息是专家和决策者根据经验所提供的带有某种不确定性的信息。知识信息对决策者的决策具有数据信息不可替代的作用，在决策分析中应给予充分的重视。

对于复杂的决策问题，建立一个包括信息的收集、处理功能，并包括数据库、模型库和方法库的决策支持系统，是非常必要的。如果再考虑知识信息的作用，运用知识工程、人工智能等技术就会使决策方法和技术更加完善。

投资决策就是围绕事先确定的经营目标，在获得大量信息的基础上，借助于现代化的分析手段和方法，通过定性的推理判断和定量的分析计算，对各种投资方案进行选择的过程。

2. 房地产投资策略

房地产投资策略是指为房地产投资决策而事先安排的计划。主要内容包括：预备进行何种房地产投资，是土地开发投资、房屋开发投资、房地产经营投资、房地产中介服务投资还是房地产管理投资;准备采用何种筹资方式,是自筹、借款还是通过发行有价证券;如何合理使用资金,如有计划地分阶段投入资金,减少风险,提高投资效益;如何确定投资方式,如在时间上有长、中、短三种方式,在规模上有大、中、小三种形式,可以选择获利较高、风险较小的一种;如何确定经营方式,如出租或出售,是一次付款还是分期付款,或低息贷款,以及选择最佳促销手段来赢得市场等。合理的投资策略是实现正确投资决策的基本条件。

3. 房地产投资决策的基本要素

房地产投资决策系统一般由如下基本要素组成:决策者,即投资的主体,是具有资金和投资决策权的法人;决策目标,就是要求房地产投资在房地产开发经营过程中,在投资风险尽可能小的条件下,以最少的投入获得最大的产出;决策变量,是指决策者可能采取的各种行动方案,各种方案可以由决策者自己决定;状态变量,是指决策者所面临的各种自然状态,许多状态包括一些不确定性因素。投资者必须对房地产开发经营过程中可能出现的不确定性因素加深认识,并利用科学的分析方法,分析不确定因素变化给房地产投资可能带来的风险,这样才能确保房地产投资的顺利进行。

在房地产投资过程中,决策者应该认真分析存在的各种变量,把决策思路建立在可靠的数据资料及准确分析的基础上,避免盲目决策和主观臆断,保证决策目标的实现。

(二) 房地产投资决策的程序

1. 确定决策目标

房地产投资决策的目的就是要达到投资所预定的目标,所以,确定投资决策的目标是投资决策的前提和依据。确定投资决策目标的关键在于,进行全面的市场调研和预测,通过周密的分析研究,发现问题并认清问题的性质,从而确定解决问题后所期望达到的结果,使投资的目标具体明确,避免抽象或含糊不清。

2. 拟订决策方案

在房地产投资决策过程中,决策者应根据已确定的目标拟订多个可行的备选方案。可行方案或备选方案就是具备实施条件,能够实现决策目标的各种途径或方式。判断某一方案是否可行,需要考虑社会、经济和环境三方面的效益,并重点按技术经济学原理给予评价,即该项目在技术上是否先进、生产上是否可行、经济上是否合算、财务上是否盈利等。拟订可行方案时要敢于创新,突破传统的思维模式,使拟订出的备选方案更具有创造性。方案制订者必须尽可能地收集与方案有关的数据资料,并进行严格论证、反复计算和细致的推敲，使各可行方案具体化。制订可行方案时还需要注意各方案整体上的详尽性以及相互间的差异性，这样才可能进行方案的全面比较和选择，避免遗漏最优方案。

3. 优选决策方案

各种可行方案拟订出来后，进一步的工作就是对这些方案进行比较、分析和评价，从中选出符合要求的方案进行实施，即可行方案的优选。要对每一个备选方案的技术经济和社会环境等各方面条件、因素以及潜在问题进行可行性分析，并将其目标与预先确定的目标进行比较并做出评价，对决策和可行方案的约束条件和限制因素进行分析，在现有条件下选优；对每一个备选方案可能发生的潜在问题做科学的预测，以便事先防范，减少潜在问题发生的可能性。然后，根据决策目标，详尽分析每一个备选方案的经济效益、环境效益和社会效益，即进行最后的综合性评价。

4. 执行决策方案

决策的目的在于付诸实施，优选方案是否科学合理也只有通过实践才能得到最终检验。决策执行过程中，人的因素非常重要，即执行者对决策方案的理解程度和遇到风险时的应变能力是决策能否顺利执行的关键。决策方案执行过程中还应建立健全必要的检查制度和程序，注意信息的反馈，以便了解决策执行的进度和实施结果，确保实施结果与决策期望的一致性。如果在执行阶段发现原先的决策方案存在不足，或因客观环境的变化导致原先决策的某些不适应性，应及时对其做出必要的纠正和修订，以确保决策方案的顺利实施。

三、房地产开发投资区位选择分析

房地产开发投资中的"区位"有狭义的内涵，也有广义的概念。狭义的区位指的是房地产开发过程中具体投资地块在城市中的空间位置，包括宏观位置和中观、微观位置，及其与相邻地块间的相互关系。广义的区位理解，除了包含空间地理位置外，还包括该区位所处的社会、经济、自然环境，即区位是各种自然、经济和社会要素的有机结合在空间位置上的反映。

虽然某一区域的地理位置不可能变化，但随着宏观社会经济和城市建设的发展，城市中各区位的相对重要性也会不断地发生变化。而且，房地产区位所处的社会、经济、自然环境的优势可以给投资者带来区位效益，区位效益越高，房地产投资价值越大，决定了该区位附近的市场需求和消费特征，这充分说明了在房地产投资中，区位选择的特殊重要性。因此，房地产投资者要关注区域社会经济发展计划及城市规划，运用发展的、动态变

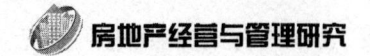

化的眼光，来分析房地产开发投资中的区位，选择区位时还需具备超前意识，特别注意区位升值潜力以及区位周边交通、服务网点等公共设施的深层次影响。

（一）房地产开发投资区域选择的影响因素

一般来说，房地产开发投资区域的选择应考虑以下因素：

1. 社会和政治环境

稳定的社会和政治环境是进行房地产开发的最基本条件。没有稳定的政治环境，投资者的利益根本就得不到保障，甚至连投资者的人身安全都时刻受到威胁，其利益也就无从谈起。同时，也只有良好的政治与社会环境，才能保证城镇居民安居乐业，从而促进房地产市场的活跃。

2. 经济发展状况

房地产业与城市经济是紧密相联的。一方面，房地产业能带动众多产业的发展，促进城市经济的增长；另一方面，城市经济的发展又为房地产业的发展奠定了坚实的物质基础。凡是经济发达的城市，其房地产业必定兴旺，而且其经济增长速度和房地产业发展速度也具有趋同性。因此，在选择投资区域时，必须考虑其经济发展程度，尽可能选择经济相对发达和正处于经济高速增长时期的地区。

3. 市场状况

房地产开发的落脚点在于经营，没有良好的市场，其开发将寸步难行。房地产开发企业在选择投资区域时，必须进行市场调查，调查内容包括投资区域的房地产供应与需求情况、人均居住面积、需求的对象与类型、商品房销售情况、现有房地产开发企业的基本情况、城镇居民的居住习惯等。

4. 政策环境

不同的地区因其自身条件差别较大，对发展房地产业的政策也不一样，房地产开发企业在选择投资区域时必须了解当地的政策，如当地政策是鼓励还是限制房地产业发展、优惠的条件如何以及是否能落到实处、地方性相关法规是否健全、政策信息渠道是否畅通、金融机构支持的程度等。

5. 地理和人文环境

不同的区域其各自的地理条件和人文环境差异较大。地理环境包括道路、交通、气候等因素；人文环境包括居民的整体文化素质、生活习惯、文化历史地位等。这些环境将影响房地产的开发投资。

6. 相关行业投资情况

一方面要了解当地工业、城市基础设施现有状况；另一方面更要了解投资区域未来几年其他行业的投资情况，如近几年有无重大建设项目或大规模系列建设项目，若有国家、省级投资的重大项目，由于聚集效应和配套要求，通常会导致大量的房地产需求，从而使房地产开发投资机会大大增加。

(二) 房地产开发地段的影响因素

1. 土地使用条件

因城市规划的土地性质的差异，不同地段的土地具有不同的使用条件。开发企业在选择地段时，必须考虑城市规划中确定的该区域的土地使用性质、用地布局、地块的类型与兼容程度、已出让土地的使用状况等。

2. 土地的自然条件

土地的自然条件包括自然景观、地势地貌、气象等若干方面。在不同环境、不同地质条件下建设房屋和设施，投入成本、建设工期以及未来的适用性等方面有很大不同。如地形狭长和不规则的地段，不利于建筑物的布局和有效利用；在环境方面，首先是自然景观，自然景观好，可增强物业的吸引力；在地势上，应尽量选择平缓、排水良好的地段，避免选择地下水位过高和有污染水源的地段；在工程地质方面，要考察土质情况、地耐力、地质稳定性等，地质条件较差的地段，前期开发成本费用较高，对此，开发企业要认真分析。

3. 现有的建设条件

现有的建设条件直接影响开发成本，它主要包括基础设施和公共建筑配套设施状况，环境主要指地段周围现有（或将有）的建筑物所形成的氛围，如现有建筑物的类型、规模、造型、邻近程度等。它们对拟开发物业的未来市场反应、使用效率等会产生重大影响。一方面，拟开发项目可与建筑环境产生良性聚集效应或互补效应；另一方面，建筑环境也可对开发项目产生排斥现象（现实的或是心理上的），如商业区、大型厂矿企业、环境污染较大的企业等附近，居民购买房屋的可能性较小。

4. 土地发展潜力

土地的发展潜力大，即意味着房地产日后有发展和增值空间，特别是有些地段，在刚选择地段时，可能周围环境较差，从表面看，建设条件不满意，但也可能因城市规划中的某些条件的改善很容易增值，如因城市交通的改善使其面貌大变、土地使用性质有一定的余地等。因此，在具体选定地段时，开发企业要有超前眼光，不要完全拘泥于地段当前的因素和条件，而要注意发现潜在的机会。

5. 居民的需求心理

在不同的区域，城镇居民对于住房位置的要求差别很大，如在一些经济发达的特大城市，城镇居民多选择在环境优美的郊区居住，而在中小城市，城镇居民多选择在中心城区居住。因此，开发企业在确定具体地段时，除考虑房地产市场的供求状况外，还需考虑城镇居民的习惯、居住心理。

(三) 房地产开发项目选址的原则

1. 区域优先原则

房地产业与投资区域和投资区域中的具体地段关系密切，投资区域制约着区域中的具体地段，也就是说，房地产开发选址应先确定投资区域，再选定地段。开发实践已多次证明，一个地段即使再优越，如果其区域社会经济环境较差，其项目也很难实施。

2. 潜力优先原则

有潜力即意味着房地产开发项目有发展后劲和增值空间。房地产开发企业无论是在选择投资区域，还是在确定投资的具体地段时，都应将发展潜力大小作为重要依据。

3. 信息准确原则

房地产开发项目选址是房地产开发经营的首要环节，其地位十分重要。因此，项目选址方案比较的依据和技术经济论证的基础资料、分析资料都必须准确、可靠和安全。信息不准或不全，都将导致选址失败，只有获得投资活动的详细资料，全面、系统、准确掌握拟投资区域及其地段的各种信息，才能随机应变，运筹帷幄，不失时机地做出正确的选址决策。

4. 投资利润量最大化原则

当前，我国房地产开发企业都是独立的、自负盈亏的经济实体，利润目标是开发企业最基本和最主要的目标。因此，房地产开发企业在选择投资区域及其具体地段时，一方面要看到项目建成后销售价格的高低；另一方面也要综合考虑取得开发用地的综合成本。如有的黄金地段的商品房好销且价格昂贵，但由于多家开发企业竞争，开发企业取得该土地使用权的价格也将较高，其利润不一定比其他有潜力的地段的开发利润大。

5. 及时性原则

选址的及时性原则是指开发企业必须在有效期内迅速、及时、果断地做出决策，否则，错过了机会，再好的决策也是毫无意义的，特别是在市场竞争日益激烈的情况下尤为明显。因此在选址中，开发企业要善于捕捉房地产开发的时机，及时果断地做出决策，使企业在竞争中不断壮大。

（四）房地产开发项目选址的基本程序

房地产开发项目选址是一个复杂而细致的工作，它既可以由房地产开发企业自行操作，也可以雇请咨询顾问和专家来协助完成。但不管哪种形式，在具体选址中都离不开以下四个阶段：

1. 准备阶段

根据本开发企业的实际，多方搜集房地产开发信息，了解各个区域的房地产开发状况，并通过科学的方法，对所有信息进行去伪存真，去粗取精，从而大致确定投资区位，初步拟订选址计划。

2. 现场调研阶段

开发企业深入现场，了解和掌握当地的社会环境、房地产业的政策和各种有关的资源报告、城市规划、地理、资源、地质、交通、经济发展等技术经济资料，以及房地产市场分析资料等，为进一步分析提供基本依据。

3. 可行性研究阶段

对取得的资料进行可行性分析，研究其实施的必要性和可能性。在有多个选址区域或地段时，要采用多种技术经济分析方法，对多个方案进行分析比较，从中选出最优方案。

4. 定址阶段

通过综合论证，最终确定投资区域和地段。

四、房地产开发项目可行性研究

（一）房地产开发项目可行性研究的含义及作用

可行性研究是在投资决策前，对建设项目进行的技术经济分析、论证的科学方法，其根本目的是实现项目决策的科学化、程序化，减少或避免投资决策的失误，提高决策的可靠性，提高项目开发建设的经济、社会和环境效益，并为开发项目的实施和控制提供参考。做好项目可行性研究工作，是项目成败的先决条件。

房地产开发项目作为一项综合性经济活动，开发项目的关键在于决策，因此，投资者应该重视可行性研究的开展。在房地产开发项目投资决策之前，为了避免主观决策、盲目建设带来的损失和不良后果，最大化房地产开发的效益，必须对与拟开发项目有关的资源、技术、市场、经济、社会和环境等各方面进行全面的调查、分析、论证和评价，判断项目在技术上是否可行、经济上是否合理、财务上是否盈利，并运用综合比较论证对多个可能的备选方案进行择优。

项目可行性研究是项目立项阶段最重要的核心文件，是项目决策的主要依据。可行性研究在房地产开发项目投资的重要作用具体体现在以下五个方面：

（1）可行性研究是项目投资决策的重要依据。项目投资决策，尤其是大型投资项目决策的科学合理性，是建立在根据详细可靠的市场预测、成本分析和效益估算进行的项目可行性研究的基础上，对项目的合法性、技术可行性和收益性进行的判断评价上。

（2）可行性研究是项目立项、审批、开发企业与有关部门签订协议、合同的依据。在我国，投资项目必须列入国家的投资计划。房地产项目要经过政府相关职能部门的立项、审批、签订有关的协议，而立项审批等工作的依据之一就是可行性研究报告。

（3）可行性研究是项目筹措建设资金的依据。房地产开发项目可行性研究对项目的经济、财务指标进行了分析，从中可以了解项目的筹资能力、还本付息能力和经营效益获取能力。银行等金融机构将可行性研究报告作为建设项目申请贷款的先决条件，依据可行性研究中提供的项目获利信息，结合国家信贷决策，做出是否提供房地产开发项目信用贷款的决策。

（4）可行性研究是开发企业与各方签订合同的依据。开发企业在可行性研究确定的项目实施方案的框架内，按部就班地落实项目前期工作，指导开发企业与设计、材料供应、通信等部门协商、签订相关协议。有关技术引进和设备进口还必须在可行性研究报告审查批准之后，才能依据可行性研究与国外厂商签订合同。

（5）可行性研究是编制下一阶段规划设计方案的依据。可行性研究对开发项目的建设规模、开发建设项目的内容及建设标准等都做出了安排。可行性研究报告批准后，项目规划设计工作据此进行。

（二）房地产开发项目可行性研究的主要依据

房地产开发项目可行性研究是对拟投资开发的房地产项目进行全面的经济技术调查研究，论证该项目技术上是否可行、财务上是否盈利、综合效益是否可观的研究过程，其目的在于通过科学决策，减少或避免投资决策的失误，提高经济效益、社会效益和环境效益，其主要依据为：

（1）国家和本地城市建设的方针、政策、长远规划。

（2）城市总体规划、详细规划。

（3）城市房地产业的现状，包括当地的住房供应与需求情况、人均居住面积、人均消费水平等。

（4）自然、地理、气象、水文地质等基础资料。

（5）有关工程技术方面的标准、规范、指标等资料。

（6）国家规定的经济参数和指标，如定额回收期、折现率、利率、基准收益率等。

（7）土地利用与规划设计条件等。

（8）周围的社会环境、基础设施和施工条件等。

（三）房地产开发项目可行性研究的主要内容

房地产开发项目可行性研究的内容十分广泛，它不仅包括市场需求状况与项目的技术、经济分析，而且包括分析研究开发项目在受各种外部条件制约时实施的可能性。具体到每个项目的可行性研究，由于其性质、规模、复杂程度不同，可行性研究的内容各有侧重。一般房地产开发项目可行性研究包括以下九个方面的内容：

1. 项目概况

主要包括项目名称、项目建设单位、项目建设地点、编制依据及内容、项目背景和必要性。其中，对于项目必要性的阐述一定要有翔实的资料作依据，立论要建立在客观、科学的基础上。

2. 市场现状及预测

主要包括当地房地产开发建设情况、住房水平、当地房地产开发政策与市场需求预测。由此测算该项目的销售情况。

3. 项目建设条件

主要包括基础设施状况及外部条件，如气候条件、地震强度、地质状况、原材料供应、施工条件、项目管理等。

4. 建设规模与内容

根据居住区规划设计方案，确定该项目可建房屋总面积、道路面积、绿化面积、公建配套设施、容积率等情况。

5. 开发建设计划

包括项目立项、可行性研究、征地拆迁等前期开发计划，项目的开工、竣工日期和进度的初步安排等。

6. 环境影响与环境保护

主要包括建设地区的环境现状、主要污染源与污染物、开发项目可能引起的周围生态变化、设计采用的环境保护标准和环境保护措施等。

7. 公用及辅助设施

主要包括给排水、供电、电信、消防、防雷、供热、供气、停车场、环卫等设施的规划设计情况。

8. 投资估算与资金来源

除了必要的文字阐述，工程概算一般应列出成本计算表，分项估算成本。其内容包括：

①土地征用费，包括征地费、青苗及其他地上物补偿费、菜地开发基金、劳动力安置费、耕地占用税等。

②拆迁安置费，包括各种拆迁费用、赔偿费用及安置拆迁户用房建设费用。

③前期工程费，包括勘察设计费、三通一平费等。

④房屋建筑安装工程费，一般应对不同类型的房屋分别列出其费用。

⑤辅助工程费，应按不同类别的基础设施和公共配套设施列出其费用。

⑥各类行政事业规费。

⑦其他必要的成本支出。

工程概算应充分考虑各项费用在项目实施期间可能发生的变化，必要时为保证一定精确度，应进一步按材料消耗列出成本计算表。

9. 社会及经济效果评价

包括销售收入、税金、利润预测，偿还贷款及偿还平衡计算，现金流量分析，财务平衡分析等。对规模、规划设计修改、原材料价格变化等影响因素做出敏感性分析及相应的盈亏分析。对于较小的项目，也可将成本估算、市场分析并入财务评价中。

总之，通过可行性研究，在经营方面，分析房地产市场状况，提出预售的目标市场和销售渠道；在规划设计和建设方面，确定房屋的类型、规划设计特色、布局结构，选择所需的设备、原材料和各种物资供应的来源；在财务方面，估算所需投资，研究项目的获利能力、偿还资金能力，提出运用资金的最佳方案；在管理方面，提出如何提高效率来进行项目的开发；在社会环境方面，主要从综合效益出发，评价项目的经济效益、社会效益和环境效益。

（四）可行性研究的阶段划分

可行性研究是在投资前期进行的一项综合性工作，根据项目的进展可以分为投资机会研究、初步可行性研究、详细可行性研究、项目评价和决策等四个阶段。各阶段的工作任务根据研究目的、深度而有所不同，总体来说，随着各个阶段的逐步推进，研究内容由浅入深，估算精度由粗至细，时间和费用也在相应增加。

1. 投资机会研究

该阶段的主要任务是对投资项目或投资方向提出建议，即在一定的地区和部门内，以自然资源、市场需求、地区规划和国家产业政策为依据，经过预测和分析，寻找最有利的投资机会，选择房地产开发项目。

投资机会研究的主要内容有：地区情况、地理环境、资源条件、经济政策、社会条件、劳动力状况、国内外市场情况、工程建成后对社会的影响等。

投资机会研究较为粗略，主要依靠粗略的估计而不是依靠详细的分析。该阶段投资估算的精确度一般在±30%以内，研究费用一般占总投资的0.2%~0.8%。如果机会研究认为可行，就可以进行下一阶段的工作。

2. 初步可行性研究

初步可行性研究是在投资机会研究的基础上，进一步对项目建设的可能性和潜在效益进行论证分析。

初步可行性研究的主要内容是分析投资机会研究的结论，深入审查项目所在地区的经济情况、项目规模、项目地址及周边环境、建设中的材料供应、项目规划设计方案及施工进度、项目投资估算和销售收入等情况，并进行经济效益评价，做出是否投资的决策、是否有进行详细可行性研究的必要等判断。

初步可行性研究阶段投资估算精度一般能够达到±20%，所需费用约占总投资的0.25%~1.5%。

3. 详细可行性研究

详细可行性研究是开发建设项目投资决策的基础，是分析项目在技术上、财务上、经济上的可行性后做出投资与否决策的关键步骤，其成果是可行性研究报告，为投资者是否投资该项目提供决策依据。

详细可行性研究的主要内容主要是以初步可行性研究为基础，深入分析和准确评价房地产市场的现状、区域规划、设计方案、工程方案、环保措施、经济效益、社会效益和环境影响等方面的内容，重视对各种方案进行技术经济分析和综合论证比较，以获得最佳投资方案。

这一阶段对建设投资估算的精度在±10%，所需费用根据项目规模大小而有所差异，一般来说，小型项目占投资的1.0%~3.0%，大型复杂的工程约占投资的0.2%~1.0%。

4. 项目评价和决策

项目的评价和决策是在可行性研究报告的基础上进行的全面审核和再评价工作，主要内容包括全面审核报告中反映的各种情况是否属实；各项指标计算、参数选择是否正确；从企业、国家和社会等角度综合分析和论证项目的经济效益、社会效益和环境影响；判断项目可行性研究的可靠性、真实性和客观性，对项目做出最终的投资决策。

按照国家有关规定，对于大中型和限额以上的项目及重要的小型项目，必须经有权审批单位委托有资格的咨询评估单位就项目可行性研究报告进行评估论证。未经评估的建设项目，任何单位不准审批，更不准组织建设。

(五) 房地产开发项目财务评价

1. 财务评价的基本概念

项目财务评价就是从企业（或项目）角度，根据国家现行价格和各项现行的经济、财政、金融制度的规定，分析测算拟建项目直接发生的财务效益和费用，编制财务报表，计算评价指标，考察项目的获得能力、贷款清偿能力以及外汇效果等财务状况，判别拟建项目的财务可行性。

2. 财务评价的作用

项目的财务评价无论是对项目投资主体，还是对为项目建设和生产经营提供资金的其他机构或个人，均具有十分重要的作用。主要表现在：

(1) 考察项目的财务盈利能力

项目的财务盈利水平如何，能否达到国家规定的基准收益率，项目投资的主体能否取得预期的投资效益，项目的清偿能力如何，是否低于国家规定的投资回收期，项目债权人权益是否有保障等，是项目投资主体、债权人，以及国家、地方各级决策部门、财政部门共同关心的问题。因此，一个项目是否值得兴建，首先要考察项目的财务盈利能力等各项经济指标，进行财务评价。

(2) 为项目制订适宜的资金规划

确定项目实施所需资金的数额，根据资金的可能来源及资金的使用效益，安排恰当的用款计划及选择适宜的筹资方案，都是财务评价要解决的问题。项目资金的提供者们据此安排各自的出资计划，以保证项目所需资金能及时到位。

(3) 为协调企业利益和国家利益提供依据

有些投资项目是国计民生所急需的，其国民经济评价结论好，但财务评价不可行。为了使这些项目具有财务生存能力，国家需要用经济手段予以调节。财务分析可以通过考察有关经济参数（如价格、税收、利率等）变动对分析结果的影响，确定经济调节的方式和幅度，使企业利益和国家利益趋于一致。

3. 财务评价的内容

判断一个项目财务上可行的主要标准是：项目盈利能力、债务清偿能力、外汇平衡能力及承受风险的能力。由此，为判别项目的财务可行性所进行的财务评价应该包括以下基本内容：

(1) 识别财务收益和费用

识别收益和费用是项目财务评价的前提。收益和费用是针对特定目标而言的。收益是对目标的贡献；费用则是对目标的反贡献，是负收益。项目的财务目标是获取尽可能大的利润。因此，正确识别项目的财务收益和费用应以项目为界，以项目的直接收入和支出为目标。至于那些由于项目建设和运营所引起的外部费用和收益，只要不是直接由项目开支或获得的，就不是项目的财务费用或收益。项目的财务收益主要表现为生产经营的产品销售（营业）收入；财务费用主要表现为建设项目投资、经营成本和税金等各项支出。此外，项目得到的各种补贴、项目寿命期末回收的固定资产余值和流动资金等，也是项目得到的收入，在财务评价中视作收益处理。

(2) 收集、预测财务评价的基础数据

收集、预测的数据主要包括：预计产品销售量及各年度产量；预计的产品价格，包括近期价格和预计的价格变动幅度；固定资产、无形资产、递延资产和流动资金投资估算；成本及其构成估算。这些数据大部分是预测数，因此，这一步骤又称为财务预测。财务预测的质量是决定财务分析成败和质量的关键。财务预测的结果可通过若干基础财务报表归纳整理，主要有：投资估算表、折旧表、成本表、利润表等。

(3) 编制财务报表

为分析项目的盈利能力需编制的主要报表有：现金流量表、损益表及相应的辅助报表；为分析项目的清偿能力需编制的主要报表有：资产负债表、资金来源与运用表及相应的辅助报表；对于涉及外贸、外资及影响外汇流量的项目，为考察项目的外汇平衡情况，还需编制项目的财务外汇平衡表。

(4) 财务评价指标的计算与评价

由上述财务报表，可以比较方便地计算出各项财务评价指标。通过与评价标准或基准值的对比分析，即可对项目的盈利能力、清偿能力及外汇平衡等财务状况做出评价，判别项目的财务可行性。财务评价的盈利能力分析要计算财务内部收益率、净现值、投资回收期等主要评价指标，根据项目的特点及实际需要，也可计算投资利润率、投资利税率、资本金利润率等指标。清偿能力分析要计算资产负债率、借款偿还期、流动比率、速动比率等指标。

4. 房地产开发财务效益的内容

房地产开发项目的财务效益主要表现为生产经营过程中的项目销售（出租）收入；财务支出（费用）主要表现为开发建设项目总投资、经营成本和税金等各项支出。财务效益和费用的范围应遵循计算口径相一致的原则。

项目销售（出租）收入是指项目销售或出租房地产所取得的收入。

开发项目总投资是固定资产投资、建设期借款利息和流动资金之和。固定资产投资是指项目按拟定建设规模（分期建设项目为分期建设规模）、规划设计方案、建设内容进行建设所需的费用，它包括土地费用、前期工程费、房屋开发费和开发间接费。

流动资金是指为维持房地产开发企业的正常生产经营活动所占用的全部周转资金。它是流动资产与流动负债的差额。

项目总投资形成的资产分为固定资产、无形资产、递延资产和流动资产。

经营成本是指项目建成后经营过程中发生的费用。对于一般房地产开发投资项目，经营成本在项目总投资或总成本费用之内；对于置业投资或开发建设完毕后用于出租经营的项目，经营成本包括物业管理费、维护维修费、设备设施使用费、流动资金利息、市场推广与销售费和其他费用。

税金是指产品销售税金及附加、所得税等。产品销售税金及附加包括营业税、城市维护建设税及教育费附加。

（六）房地产项目评估和决策

1. 项目评估和决策的含义和目的

项目评估和决策是在可行性研究以后进行的。项目评估和决策是对项目可行性研究的结论及其实施计划所进行的检验、复核和评价，是对项目的发生及其全过程的各个方面所进行的全面审核，是最终确定项目是否值得予以实施的科学性、权威性结论。

项目评估是项目最高层次的决策研究，它把项目的计划和设计置于一个大的背景环境中，对各种与项目发生关系的或可能发生关系的因素加以科学性的全面考查分析。项目评估不仅是要确保项目建成后预期的经济目标和社会目标的实现，还要证明项目为实现这一目标所具备的条件及其所采取的措施具有相当的可靠性，并同时涉及实施或经营项目的所有机构和企业实体。

对于房地产项目，特别是对成片综合开发建设项目进行投资前的全面评价是极其重要的。由于房地产项目投资大，建设周期长，影响广泛，应在事前就考虑两个关键性的问题：一是项目能否顺利实施；二是项目建成后能否产生经济效益、社会效益和环境效益。如果不能保证项目的顺利实施和预期效益，就会使企业遭受巨大损失，浪费宝贵的经济资源。

2. 项目评估和决策的工作程序和评估小组

项目评估和决策是一项较复杂的工作，一般情况下，项目评估往往将重点放在技术和财务方面，但从宏观的综合方面分析，有时并非出于技术和财务上的原因，而是出于政治的、社会的或地区的传统及价值观念等原因。因此，项目评估是对项目进行政治、经济、文化传统、环境等全方位的分析评价，并且有必要组成一个专门的评估小组或评价委员会。评估小组由被授权的建设银行、投资银行、工程咨询公司等单位来组织，成员应当是各方面专家学者及有关方面的行政管理人员。对房地产项目进行评估，评估人员应包括经济师、建筑师、工程师、律师、会计师、城市经济专家、开发企业家、社会学家、环境学家、地质地理专家以及行政管理部门的优秀人员。由这些专家和学者所组成的评估班子必须通力合作，才能保证项目评估和决策的科学性、权威性和有效性。

3. 房地产开发项目评估的内容

房地产开发项目评估主要围绕市场、技术、财务、国民经济、组织管理、环境等方面进行，具体应包括以下内容：

（1）市场方面

市场是项目建设的前提条件，市场不需要的项目，自然没有研究的必要。评估中市场方面主要审查以下三方面内容：

①对市场现状的研究是否全面

这些现状资料、数据是否能用来预测项目建成后市场供给和需求情况。

②所采用的预测方法是否符合实际

预测方法很多，对不同的项目、不同的预测内容有不同的适用方法。

③审查市场预测结果可信程度

如对大酒店来说，客房出租率、客房价格等是否可信，是否有主观或偏离实际情况的问题。

（2）技术方面

①审查项目构成是否合理

如主要项目的规模、结构形式、基础设施的数量、公共配套设施的数量等是不是最佳的配置，能否满足各种标准、规范的要求。

②审查项目主要环节

审查和评价实施计划的主要环节在审查操作执行上的设计技术和管理技术的可靠性和有效性。主要应审查下列内容：项目计划实施进度表在时间安排和阶段划分上的现实可行性，是否留有一定的余地；建材和设备采购、工程和劳务有关的合同及程序安排是否适当；是否有保证项目得以正常实施和营运的维护措施；项目投资和营运成本的估算依据及其精确程度，是否有足够的准备金以应付意外的费用；项目实施的全部规划设计在主要环节方面是否具有合理的现实可行性，以及各环节之间的阶段划分和衔接的合理性。

③审查建筑施工方面的技术

施工方面如工程施工所采用的工艺技术是否有可靠性，这种可靠性是指在以往的实践上是被成功运用的技术，如果是新技术，必须在一定规模的试验上是成功的。又如施工中所选用的设备和材料使用的可靠性。

资源供应方面对主要的生产要素、能源物资和劳力的采购供应能否切实满足工程的需要进行审查，并审核其投入量是否适当。

审查项目施工在基础设施方面的保证。

（3）财务方面

①财务评估的目标

财务评估是一项内容多、计算复杂的工作。在进行具体财务评估之前应首先明确评估目标。一般情况下，财务评估应至少有以下三个目标：确保项目实施全过程的财务生存能力；保护贷款机构的利益；确保项目活动具有健全的财务管理机构以及拥有足够的训练有素的财务工作人员。

②财务评估的重点审查内容

a. 资金使用的时间分布是否与项目实施计划的安排相对应。

b. 总成本分摊商品和劳务上的比例是否适当，即物资材料费用和工资费用的比例是否适当。

c. 所有的成本开支是否都被分成适当的细目。

d. 是否存在有可能被推迟使用的成本。

e. 是否存在有可能被替代、压缩甚至被取消的成本费用。

③盈利性项目财务评估的主体内容

对于盈利性房地产项目，如商品住宅、酒店、宾馆、综合服务楼等，财务评估的重点是审核评价作为项目预期盈利能力评价指标的财务内部收益率、财务净现值等重要的指标体系，并对这些指标体系所依据的各类分解指标逐一加以评析。其内容大致如下：审查项目成本分解指标的条件及其数额；审查项目收益表和项目资金表，以对照项目年度财务预测；项目的预期收益能否满足项目在营运、维护、折旧和偿债方面的要求；审核财务风险分析。

④非营利性项目财务评估的主体内容

对于市政建设、文教、卫生等非营利性项目，评估应当着重考虑的内容是：

a. 项目全部预算的合理性。

b. 政府对项目及时提供足够资金的能力。

因此，评估应审查项目的全部成本核算和与项目实施相对应的政府预算及其现金分配系统的效率。

⑤消费者对项目财务的影响

消费者对项目财务的影响，实际上就是市场对项目产出的态度，或者产成品在市场上的命运。财务评估要考虑消费者对项目的影响，因为这种影响往往制约着，甚至决定着项目的预期收益。这方面评估内容主要有两方面：

消费者支付的能力，即消费者购买力。如对于商品住宅项目，财务评估就有必要考虑消费者的家庭收入和支出的分布情况，估计他们以信贷购房的偿付能力，与此同时，还应当考虑政府对低收入者的住房消费补贴及其幅度。

消费者对项目的兴趣程度。对于盈利性的房地产项目，财务评估应当分析消费者对项目产生的兴趣能否吸引或刺激他们使用该项目。如果消费者对该项目的兴趣大，就可以考虑该项目的重复建设。

（4）国民经济方面

项目国民经济方面的评估是评估小组所要考察的重要内容，它是决定项目实施与否的重要环节。这方面评估主要有以下五方面内容：

①审议项目是否代表了，至少是考虑了国家的经济目标。即项目是否能够合理地使用国家的经济资源并能够产生实际的经济效益，而不是仅仅考察项目实施在财务上的可行

性。要达到这一目标，就要严格审查项目是否具有正确无误的宏观经济分析，并重新评审宏观经济分析的三个基本要素：社会折现率和影子价格、外汇使用及影子汇率、影子工资及就业影响。

②对项目计划进行修改的可能性。这种修改以节约国家的经济资源和提高项目的经济报酬为目的。对于计划修改的可能性，评估小组可以从项目的规模、构成、时间安排和实施计划等环节上加以研究。

③审查该项目能否与它所从属的行业或部门的发展政策保持一致，或者是不是这个发展政策的具体体现。

④审查项目的外部效果和无形效果的种类，验证这些效果的预期效益数量的严密性和合理性。

⑤审查项目决策过程中的投资风险分析、决策论证是否严密。其中应当具体考察的问题包括风险类型是否合理，潜在风险的程度和范围估计是否充分而合理，项目决策论证的方法是否有效，论据是否全面等。

(5) 组织管理方面

①调查评议项目在组织机构方面的背景材料主要有：在房地产行业部门内与本项目有关的分部门、职能部门和地区机构与本部门的历史关系及目前的公共关系；拟议的项目参与机构在权力和影响方面的近期状况；项目实施以后，参与项目的机构或团体对项目预期效益的收益分配状况的合理性；影响项目组织机构和管理安排的众多因素，如社会的、组织的、历史的、法律的因素；政府及其有关的机构或部门，诸如规划部门、财政部门、工商税务部门等对项目实施在组织上的承诺。

②审议项目的组织及其结构在行政管理上对项目实施过程的控制安排及其方法。具体内容包括：管理机构的评议；对管理机构职责、权限和责任的评议；各机构或部门实体的功能与作用及其相互间的合作关系；职员的配备评议。

(6) 环境方面

①开发项目或开发区域在地质、地形、地貌条件上是否符合拟定建筑物的要求，对于不符合的因素，在技术上是如何处理的，处理方法是否可靠。

②地区的水文地质和气象是否对项目有重大影响，如有影响，防治措施是否可靠。

③项目选址是否符合城市规划的要求。

④项目所在地区的基础设施、公用设施是否已具备了开发建设的条件，或者政府在规划上是否有近期的建设项目与之配套。

⑤项目的征地、拆迁和人员安置的方案是否合理，经济上是否合算，有无更好的

方案。

⑥评估小组有必要到现场察看实地现状，审核其是否与项目提供的资料相一致。

五、房地产市场调查与预测

房地产市场研究是对房地产市场进行调查分析和制定市场对策的一种活动。主要目的是掌握房地产市场现状和预测未来状况，为开发企业确定开发经营战略和投资决策提供可靠的依据。

（一）房地产市场调查

房地产市场调查是房地产市场研究的基础。房地产市场调查为房地产市场研究和分析提供可靠的依据，没有调查就没有研究和分析，也不能预测，不能为房地产开发提供决策依据。

1. 房地产市场调查的含义及作用

房地产市场调查，是运用科学的方法，有目的、有计划地搜集、系统地整理和分析与房地产市场相关的信息和资料，进而对房地产市场进行研究和预测，并为企业房地产营销决策服务的信息管理活动。

房地产开发项目只有在充分进行市场调查和分析的基础上，才能设计完善的产品开发方案，才能制定有效的投资策略，对房地产开发企业正确定位房地产项目，正确制定营销策略，健全企业决策机制，及时挖掘市场机会，提高企业经营效益具有极其显著的重要性。

2. 调查内容

房地产市场调查是运用科学的方法，系统地搜集、整理和分析市场购买力、购买对象、顾客习惯、竞争形式等相关的信息资料的活动。它的主要内容有以下五方面：

（1）市场需求调查

满足房地产市场需求是开发企业开发经营活动的根本目的，也是房地产市场经营活动的中心环节。市场需求调查的主要内容包括以下几项：

①潜在需求量

潜在需求量是指一定时期、一定地区内房地产购买力的实际水平。例如，某时、某地有多少企业、事业单位和个人，可能拿出多少资金购买商品住宅。

②市场占有率

了解整个行业和同类产品在市场上的销售量，本企业和竞争企业的市场占有率。

③销售趋势分析

研究顾客的购买行为，分析房地产市场的需求变化，以便发现新的市场机会，不失时机地调整本企业的销售方向，使之适应房地产市场发展变化的要求。

④人口

人口是市场潜在需求量的决定因素，它的发展趋势、流动性情况与房地产市场密切相关。人口资料包括人口数量、人口地区分布、人口流动性和家庭规模等。

⑤收入水平

收入水平以及与之紧密联系的消费结构是预测市场需求的重要因素。收入调查内容包括收入现状（总收入、可自由支配的收入、实际收入）和收入的发展趋势。实际收入增加，意味着人们生活水准的提高，要求更多地享受资料和发展资料。

(2) 顾客和购买能力的调查

没有顾客，就不存在购买，如果顾客只有主观的购买愿望，而没有相应的购买能力，这些顾客仍不能成为现实的购买者。由于房地产商品的特点，一般只有掌握足够资金的单位或个人才可能成为现实的购买者。因此，谁是主要的顾客？谁是忠实的购买者？谁是购买决策者？购买者满足程度如何？这些都是调查的主要内容。

(3) 竞争调查

有商品生产就必然有竞争者，开发企业欲在竞争中求得生存和发展，就必须调查企业的竞争能力。竞争调查的主要内容包括产品竞争能力调查、竞争对手调查和市场转换调查。

(4) 有关的经济形势调查

国家宏观经济形势对开发企业的开发经营有着决定性的影响。如果经济增长过快而引起通货膨胀，物资供应紧张、资金短缺等现象将直接影响房地产市场，特别是为转变这一状况而采取的金融体制改革等措施给房地产业带来的影响是巨大的。物资短缺、能源紧张的局面也将会加大开发成本，降低开发企业的经济效益。

(5) 房地产经营条件调查

即调查影响房地产经营的一切主、客观因素，包括两个方面：

①房地产经营企业的内部条件

如组织管理状况、职工队伍素质、技术装备程度、业务经营水平等。

②房地产经营企业所处的客观环境

如国民经济的结构及发展水平、国民经济管理体制及其配套改革情况、房地产经济体制改革的进展等。

3. 调查方法

对房地产市场进行调查，总体上可分为四种方法：全面调查、重点调查、典型调查、抽样调查。企业一般从商业报纸、杂志、上级主管部门的资料等公开的资料中收集某一开发区域的开发信息；特殊情况下，企业要派人主动设法收集购买者的经济状况、购买者的心理和需求、竞争对手情况等信息。

(二) 市场预测

1. 房地产市场预测的含义及作用

房地产市场预测是指运用科学的方法和手段，根据房地产市场调查提供的信息资料，对房地产市场未来及其变化趋势进行测算和判断，以满足确定房地产开发经营战略的需要。

正确的房地产市场预测可以帮助房地产开发企业把握国家宏观经济政策走势，把握市场的总体动态和各种环境因素的变化趋势，正确地分析和判断消费者对不同房地产产品需求的变化，从而指导房地产开发企业制定科学的开发战略，调整目标市场的营销策略，提高企业的管理效益，增强企业核心竞争力。综上所述，市场预测对房地产开发具有十分重要的作用。

2. 房地产市场预测的内容

(1) 房地产行情预测

房地产行情预测是在国民经济发展趋势大气候的基础上，对房地产目标市场的运行状态进行分析，揭示房地产的景气状态、周期波动规律。主要预测内容包括国家经济总量的变化、货币投放状况、物价变化、国民收入状况、市场消费结构及发展趋向。

(2) 房地产市场需求预测

房地产市场需求预测是在房地产调查的基础上，对特定区域和特定时期的房地产市场产品的需求变化趋势、需求潜力、需求水平、需求结构等因素的分析和预测。主要预测内容是产品的社会拥有量、社会购买力以及社会饱和点，判断当前市场整体需求情况，同时还要研究影响市场需求增量的各种可控因素和不可控因素，可控因素包括企业对产品、定位、分销促销政策变化，不可控因素包括人口、分配政策、购买心理等。

(3) 供给能力预测

房地产市场供给预测是对特定区域和特定时期的市场整体供应变化趋势、供给水平、供给结构等因素和企业自身产品供给能力和潜力等数据进行分析预测。主要预测内容包括行业供给能力预测、企业发展能力预测和服务能力预测。行业供给能力预测分析从事房地产同类产品生产厂家有多少，生产规模有多大，成本高低，管理水平及技术状况如何等；企业发展能力预测分析房地产企业生产规模、技术条件、资源及能源供给、运输、人才、资金来源等方面发展趋势；服务能力预测分析客户对服务的需求及房地产企业所能提供的售前、售中、售后服务。

（4）房地产市场供求趋势的预测

房地产市场供求预测是在有机结合市场需求和市场供给预测的基础上，把握国家关于房地产产业的调整政策导向，判断市场运行走向和房地产市场产品的供求趋势。主要预测内容包括市场供求总量的平衡状态，市场供求结构的均衡情况，市场供求态势失衡的原因探索。

（5）消费者购买行为预测

消费者购买行为预测是通过房地产市场调查中的消费者调研结果，来分析消费者的消费能力、消费水平、消费结构等，了解不同层次消费者的消费特点和需求差异，判断消费者的购买习惯、消费倾向等的变化趋势，研究消费者的购买行为。

（6）产品营销及销售前景预测

产品营销及销售前景预测是在房地产营销的历史数据和信息资料的基础上，对房地产产品在房地产整体市场和特定区域的销售规模、销售结构、销售品种、变化趋势、房地产占有率、营销费用与营销利润、市场潜量和销售潜量进行分析预测。

（7）产品生命周期预测

产品生命周期预测是对企业拟开发的新产品以及正在生产的产品进行分析，判断其所处于产品市场周期的阶段，以此来调整不同产品的不同市场策略和生产策略。

（8）技术发展预测

技术发展预测是对建筑和装修的新材料、新技术和新工艺及其在房地产产品上的应用进行分析和预测。技术发展带来的影响，会在一定程度上改变用户对当前房地产产品的需求，从而对房地产市场发生重大影响。主要预测内容包括对新技术、新材料、新工艺、新设备所具有的特点、性能、应用领域、应用范围、应用速度、经济效益，以及它们对房地产产品生命周期的影响进行预测。

（9）市场竞争格局预测

市场竞争格局预测是对开发商品房的同类竞争企业的经营行为进行分析预测，对其不同种类商品房供应量的分布、开发区域格局以及房屋的成本、品质、价格、品牌知名度和满意度等要素构成的竞争格局及其变化趋势进行分析预测。

3. 市场预测的基本步骤

（1）确定预测目标和预测期限

对于房地产市场预测，确定预测目标和预测期限是进行预测工作的前提。例如，在对地区房地产市场的预测中，需求量、消费者水平这些均是预测目标。预测可根据预测用户的要求，分为月、季、半年、一年等期限的预测。

（2）确定预测因子

根据确定的预测目标，选择可能与预测目标相关或有一定影响的预测因素。例如，在对地区房地产市场的需求预测中，人均消费支出、租售价格、开发成本等均是预测因素。

（3）进行市场调查

收集各因素的历史和现状的信息、数据、资料，并加以整理和分析。

（4）选择合适的预测方法

有的预测目标，可以同时使用多种预测方法独立地进行预测，最后使用组合预测法求出最终的预测值。

（5）理论抽象或创立模型

在根据经济理论对宏观经济现象进行分析的基础上，寻找规律。

（6）对预测的结果进行分析。

例如，对结果进行经济分析和预测精度分析。

（7）根据房地产市场经济的最新发展动态和掌握的最新的房地产市场信息，对原预测结果进行判断，修改或调整原来的预测值。

（8）写出预测报告。

六、房地产开发项目投资估算

一个房地产开发项目从可行性研究到竣工投入使用，需要投入大量的资金，在项目的前期阶段，为了对项目进行经济效益评价并做出投资决策，必须对项目的投资进行估算。投资估算的范围包括：土地费用、前期工程费、房屋开发费、管理费、财务费、销售费用及有关税费等项目全部成本和费用投入，各项成本费用的构成复杂，变化因素多，不确定性大，依建设项目的类型不同而有其自身的特点，因此，不同类型的建设项目之成本费用的构成有一定差异。

（一）房地产开发项目成本与费用构成

房地产开发项目成本及费用由开发直接费和开发间接费两大部分组成，具体构成如下：

1. 开发直接费

(1) 土地费用，包括土地出让金或征地费、城市建设配套费、拆迁安置补偿费。

(2) 前期工程费，包括规划勘测设计费、可行性研究费、三通一平费。

(3) 房屋开发费，包括建安工程费、公共配套设施建设费、基础设施建设费、其他费用。

2. 开发间接费

开发间接费包括：管理费；销售费用；财务费用；其他费用；不可预见费；开发期税费。

(二) 房地产开发项目成本费用估算方法

1. 土地费用

土地费用是指为取得项目用地使用权而发生的费用。由于目前存在着有偿出让和行政划拨两种获取土地使用权的方式，所以，对土地费用的估算要依实际情况而定。

(1) 土地出让金

国家以土地所有者身份将土地使用权在一定年限内有偿出让给土地使用者，并由土地使用者向国家支付土地使用权出让金。土地出让金的估算一般可参照政府近期出让的类似地块的出让金数额并进行时间、地段、用途、临街状况、建筑容积率、土地出让年限、周围环境状况及土地现状等因素的修正得到，也可以依据城市人民政府颁布的城市基准地价，根据项目用地所处的地段等级、用途、容积率、使用年限等项因素进行修正得到。

(2) 土地征用费

根据《中华人民共和国土地管理法》（以下简称《土地管理法》）的规定，国家建设征用农村土地发生的费用主要有：土地补偿费、土地投资补偿费（青苗补偿费、地上附着物补偿费）、安置补助费、新菜地开发建设基金等。国家和各省市对各项费用的标准都做出了具体的规定，因此，农村土地征用费的估算可参照国家和地方有关标准进行。

(3) 城市建设配套费用

城市建设配套费是因政府投资进行城市基础设施，如自来水厂、污水处理厂、煤气厂、供热厂和城市道路等的建设而由受益者分摊的费用。在北京市，该项费用包括大市政费和"四源费"。这些费用的估算可根据各地的具体规定或标准确定。

(4) 拆迁安置补偿费

在城镇地区，国家或地方政府可以依照法定程序，将国有储备土地或已经由企事业单位或个人使用的土地划拨给房地产开发项目或其他建设项目使用。因划拨土地使原用地单位或个人造成经济损失的,新用地单位应按规定给予合理补偿。拆迁安置补偿费实际包括两部分费用,即拆迁安置费和拆迁补偿费。

拆迁安置费是指开发建设单位对被拆除房屋的使用人,依据有关规定给予安置所需的费用。一般情况下,应按照拆除的建筑面积给予安置,被拆除房屋的使用人因拆迁而迁出时,作为拆迁人的开发建设单位,应付给搬家费或临时搬迁安置费。

拆迁补偿费是指开发建设单位对被拆除房屋的所有权人,按照有关规定给予补偿所需的费用。拆迁补偿的形式可以分为产权调换、作价补偿或者产权调换与作价补偿相结合的形式。

2. 前期工程费

前期工程费主要包括:开发项目的前期规划、设计、可行性研究、水文地质勘测费用以及"三通一平"等土地开发工程费支出。

项目的规划、设计、可行性研究所需的费用支出一般可按其占项目总投资的百分比估算。一般情况下,规划设计费为建安工程费的3%左右,可行性研究费占项目总投资的1%~3%。水文、地质勘探所需的费用可根据所需工作量结合有关收费标准估算,一般为设计概算的0.5%左右。

"三通一平"等土地开发费用主要包括:地上原有建筑物、构筑物拆除费用,场地平整费用和通水、通电、通路的费用。这些费用可根据实际工作量,参照有关计费标准估算。

七、房地产开发资金筹措

筹集资金很重要的就是取得贷款,但借款是有风险的。由于财务杠杆作用的存在,它可能会使投资者由于借款而增加盈利,也可能使投资者由于借款而蒙受更大的损失。另外,当借款到期而市场不旺时,企业可能不得不低价出售房地产或者由于筹资过多而利息负担过重等。因此,把握好资金筹集的各个方面非常重要。

(一) 开发资金运动的过程及资金流动的特征

纵观房地产开发全过程,房地产开发资金随着房地产开发经营活动的进行而不断运动,并且在房地产开发过程中的不同阶段表现为不同的形式。在房地产开发的前期准备阶段,开发商以货币资金购入具备开发条件的土地,或先将货币资金用于完成"三通一平"等工作,等待合适时机开发。这样,货币资金就转化为储备资金。在房地产开发建设阶段，开发商一方面将购入的土地投入开发工程，储备资金转化为生产资金；另一方面，开发商用货币资金直接支付工程进度款及其他开发费用，这部分货币资金直接转化为生产资金。在预销售阶段，开发商可能通过预售部分房屋，在开发过程中收回部分投资，从而又使部分生产资金直接转化为货币资金；房屋交付后，生产资金转为成品资金，开发商通过销售继续收回投资，这样成品资金又转化为货币资金。所以，房地产开发资金在运动过程中不断改变其形态，从货币资金开始，分别转化为储备资金、生产资金和成品资金，最后又回到货币资金形态。这样周而复始的循环就形成房地产资金的运动过程。

(二) 开发资金筹集的基本原则

尽管企业的财务状况不相同，各项目的投资计划与工程建设进度也不尽相同，但房地产开发资金运动的特点决定了筹集房地产开发资金必须遵循以下基本原则：

1. 安全性原则

衡量安全性的指标主要是风险程度，一方面，筹集资金要考虑利率变动、汇率变动的风险，同时要考虑到影响企业财务状况和偿债能力的举债规模、偿债日期、利率高低等各种因素；另一方面，从筹集资金的目的看，筹集资金主要是为了更好地实现资金平衡，使开发项目顺利进行，并最终取得预期利润。因此，筹集资金应以不改变既定目标或以顺利实现既定目标（如进度目标、利润目标等）为原则。任何由于筹集资金而可能影响既定目标的因素都是不安全因素，筹集资金必须以筹资风险尽可能小为原则。

2. 经济性原则

由于房地产开发资金需求量极大，资金筹集的成本（包括有关费用）直接影响开发项目的效益及资金周转，因此，筹资成本必须尽可能低。一般来说，筹资成本不能高于开发项目可能的投资效益。

3. 可靠性原则

主要是指资金来源的保证程度要高。从房地产资金运动的特征可以看出，在一定的时点保证一定数量的资金投入尤为重要。因此，筹集资金的渠道、方式、时间、数量等必须是切实可靠的。

(三) 开发资金筹措的目的

无论房地产项目规模大小，开发企业均需要筹集大量的资金来保证项目的顺利建设，然而企业仅靠现有的资本存量，即自主投资，不仅投资风险相对较大，而且往往难以实现项目目标。因此，在房地产开发项目中，企业迫切需要筹措所需开发资金，积累资本增量，扩大企业资产规模，增加企业竞争能力和收益能力，以实现房地产项目开发的目标，推动企业可持续发展。

与此同时，房地产开发项目筹措开发资金可以有效调整原有资本结构，使资本结构合理化，充分发挥杠杆作用，保证权益资本和债务资本的适当比例，进而提高企业和项目的盈利能力和偿债能力。

（四）开发资金的筹集渠道

由于房地产开发资金需求量特别大，房地产开发商的自有资金一般不可能完全满足需要，通过哪些渠道落实资金就成为房地产开发商必须解决的一个重要问题。随着我国房地产市场的逐步完善，房地产金融业的逐步发展，房地产开发资金的筹集渠道也越来越多。通常，房地产开发商的资金筹集渠道主要有：自有资金、银行贷款、发行债券及预收房款等形式，对股份制企业而言，发行股票也是有效的筹资方式。

1. 自有资金的筹集

房地产开发商对任何房地产开发项目都必须投入大量的自有资金，这是房地产开发的基本条件之一。通常，开发商可以筹集的自有资金包括现金和其他速动资产，及近期可收回的各种应收款。有时企业内部一些应计费用和应交税金，通过合理安排，也可应付临时的资金需求。

一般情况下，开发商不可能在银行存有大量的货币资金等待开发项目，货币资金只是自有资金筹集的一方面，速动资产的变现也是重要的资金来源之一。它包括企业持有的各种银行票据、股票、债券等（可以转让、抵押或贴现而获得货币资金），以及其他可以立即售出的建成楼宇等。至于各种应收款，包括已订合同的应收售楼款及其他应收款。

只要开发项目的预期收益高于企业自有资金的机会收益（如银行存款利息等）或速动资产变现损失（包括机会损失）等，开发商都可以根据自身的能力，适时投入自有资金。

2. 银行贷款

任何房地产开发商要想求得发展，都离不开银行和其他金融机构的支持。而且由于"杠杆效应"的存在，任何开发商都不可能、也不愿意完全靠自有资金周转而不利用银行或其他金融机构的借贷资金。

3. 房地产开发项目贷款

房地产开发项目贷款是指房地产金融机构对具体房地产开发项目发放的生产性流动资

金贷款。它的特点是贷款只能用于规定的开发项目，贷款对象是一些投资额大、建设周期长的开发项目，如大型住宅小区等，承担项目开发的房地产开发企业是开发项目贷款的债务承担者。

开发项目贷款除必须符合房地产开发企业流动资金贷款条件外，还必须具备以下条件：

①贷款项目必须列入当年的开发计划。

②必须具备批准的设计文件，并通过银行的项目评估。

③必须前期工作准备就绪，落实施工单位，具备开工条件。

与房地产开发企业流动资金贷款不同，开发项目贷款时，银行参与项目的选择，参与可行性研究工作，并进行项目评估，未经评估的项目一般不承诺贷款。银行参与项目设计及概算的审查，并根据项目有关情况参与销售价格的评估。银行参与项目年度计划的安排，并根据计划执行情况，编制年度贷款计划，核定贷款额度。

房地产开发项目贷款程序与流动资金贷款程序基本相同。

4. 房地产抵押贷款

房地产抵押贷款是指借款人以借款人或第三人合法拥有的房地产以不转移占有的方式向银行提供按期履行债务的保证而取得的贷款。当借款人不履行债务时，银行有权依法处分作为抵押物的房地产并优先受偿。当处分抵押房地产后的资金不足以清偿债务时，银行有权继续向借款人追偿不足部分。

可以设定抵押权的房地产有：依法取得的土地使用权；依法取得的房屋所有权及相应的土地使用权；依法取得的房屋期权；依法可抵押的其他房地产等。以划拨方式取得的土地使用权设定抵押权的，依法处分该房地产后，应当从处分所得的价款中缴纳相当于应缴纳的土地出让金的款额后，贷款银行方可优先受偿。

房地产抵押贷款的对象可以是符合条件、具有可抵押房地产的法人，也可以是具有可抵押房地产、并具有完全民事行为能力的自然人。

房地产抵押贷款的条件除一般贷款的基本条件外，最主要的就是拥有可抵押的房地产。房地产抵押是建立贷款关系的前提，也是取得贷款的条件。

房地产抵押贷款的程序与房地产开发企业流动资金贷款程序基本相同，不同之处在于：

①房地产抵押贷款的额度由贷款银行根据借款人的资信程度、经营收益、申请借款金额和借款时间长短确定，但最高不超过抵押物现行作价的70%，并且抵押物的现行作价一般由具备专业资格的房地产评估机构评估确定。

②抵押合同由借款人或抵押人与贷款银行双方共同签订，抵押合同是房地产抵押贷款合同不可分割的文件。

③房地产抵押贷款合同、房地产抵押合同签订后，必须办理抵押登记手续，若按规定需公证的，贷款合同和抵押合同必须经过公证机关公证。

八、房地产投资风险分析

（一）房地产投资风险的含义

所谓风险，是指未来可能发生的危险或遭受损失的可能性，它是与收益相伴相随的，且与收益成正相关关系。

根据风险理论的研究，风险的一般定义是人们对未来行为预期的不确定性可能引致后果与预定目标发生的负偏离。这种负偏离是指在特定的客观条件下，在特定的期间内，某一个实际结果与预期结果可能发生差异的程度，差异程度越大，风险就越大，反之风险则越小。这种偏离可由两个参数来描述，一是发生偏离的可能性，即事件发生的概率；二是发生偏离的方向与大小及后果。

事实上，风险反映一种特殊的事件，这种事件会带来多个不确定的结果，而且每一个不确定结果的出现都有一个可测定的概率值。因此，风险是一个事件的不确定性和它可能带来的不确定结果的综合效应。

房地产投资风险，则是指从事房地产投资而造成损失的可能性的大小或程度，这种损失包括投入资本损失及实际收益小于预期收益的差额损失等。

虽然可以获取较高投资收益、具有保值功能，但房地产投资与其他投资形式一样仍然存在着风险，尤其是房地产投资具有所需资金量大、周期长，其实物形态为不动产，房地产市场竞争是不完全竞争，信息不完全对称等特点，使房地产投资更具有不确定性。为此，投资者在进行房地产投资时，应谨慎耐心地进行选择和科学地做出决策，以最大限度地规避投资风险，获取最大额度的投资利润。

（二）房地产投资风险特征

由于房地产投资具有周期长、投入资金量大、变现能力差等特点，因而房地产投资风险也具有其自身的特点，具体如下：

1. 多样性

由于住宅投资的整个过程涉及社会、经济、技术等各个方面，因而其风险也表现出多样性,相互间的变化也呈现出极其复杂的关系。

2. 变现能力差

由于其投入资金量大、周期长,并且房地产市场是个不完全市场,房地产也不像其他资产如存款、国库券、股票等可以随时变现,因而其变现风险也较大。

3. 补偿性

由于房地产投资具有风险,因而投资者一般对承担的这一风险在经济上要求补偿,这一补偿也叫风险溢价或风险回报。资本的特性决定了它比一般的行业要求更高的回报率,比社会平均利润率更高。

(三) 房地产投资风险的类型

由于受各种因素的影响,房地产投资存在着不同的风险。一般来说,房地产投资的风险主要有以下七种:

1. 市场风险

市场风险是指房地产市场状况变化的不确定性给房地产投资者带来的风险。它主要有如下四种类型:

(1) 市场供求风险

市场供求风险是指投资者所在地区房地产市场供求关系的变化给投资者带来的风险。市场是不断变化的,房地产市场上的供给与需求也在不断变化,而供求关系的变化必然造成房地产价格的波动,具体表现为租金收入的变化和房地产本身价格的变化,这种变化会导致房地产投资的实际收益偏离预期收益。更为严重的情况是,当市场内某种房地产的供给大于需求达到一定程度时,房地产投资者将面临房地产商品积压的严峻局面,导致还贷压力与日俱增,很容易最终导致房地产投资者破产。

(2) 变现风险

变现风险是指急于将商品兑换为现金时由于折价而导致资金损失的风险。由于房地产不能移动,销售过程复杂,因此其流动性很差,其拥有者很难在短时间内将房地产兑换成现金。具体来讲,首先,房屋是固定在土地上的,其交易的完成只能是所有权或使用权转移,而其实体是不能移动的;其次,房地产价值量大、占用资金多的特点,也决定了房地产的交易的完成需要一个相当长的时间过程。这些都影响了房地产的流动性和变现性。因此,房地产投资者在急需现金的时候,无法将其手中的房地产很快脱手,不能想卖就卖。与此同时,即使投资者能较快地完成房地产交易或买卖,也难以以合理的价格成交,从而会大大影响其投资收益。所以，房地产不能流动及其变现上的困难，给房地产投资者带来了变现及收益上的风险。

（3）购买力风险

受社会经济等发展变化情况的影响，在收入水平一定及购买力水平普遍下降的情况下，人们会把有限的购买力用到最必需的消费商品上，从而降低对房地产商品的消费需求，这样，即使房地产本身具有保值功能，但人们降低了对它的消费需求，这会导致房地产投资者的出售或出租收入减少，从而使其遭受一定的损失。

（4）未来市场变化风险

市场情况千变万化，尤其是未来市场发展情况更是有着许多不确定性。对于房地产开发投资者来说，未来房地产市场销售价格的变化、成本的增加、市场吸纳能力的变化，都会对开发商的收益产生巨大的影响；对置业投资者来说，未来租金的变化、市场出租率的变化、物业毁损造成的损失、资本化率的变化、物业转售时的收入等也会对投资者的收益产生巨大影响。

2. 经营风险

经营风险是指由于决策失误或经营管理不善而造成的实际经营结果与期望值偏离的可能性。这种风险既与企业内在因素有关，也与外在经济环境因素的影响有关。经营风险主要包括：

（1）决策风险

决策风险一方面是由于投资者得不到准确充分的市场信息而可能导致经营决策的失误。根据经济学理论，完全的自由竞争市场应具备商品同质、信息充分、厂商可自由出入、交易双方人数众多等条件。也就是说，在完全自由竞争的市场上，无论是买者还是卖者都不会垄断市场。房地产市场与完全自由竞争市场存在着较大的差距，房地产的买者和卖者都不能掌握当前价格的完全信息，也很难准确预测未来房地产的价格。另一方面是由于投资者对房地产交易所涉及的法律条文、城市规划条例及税负规定等不甚了解而造成的投资或交易失败。

（2）财务风险

财务风险是指由于房地产投资主体财务状况恶化而使房地产投资者面临着不能按期或无法收回其投资报酬的可能。产生财务风险的原因主要有：一是购房者因种种原因未能在约定的期限内支付购房款而致使房地产投资者的资金周转发生严重危机，直至无法实现其正常收益；二是投资者运用财务杠杆，即大量地使用贷款，实施负债经营。虽然这种方式拓展了投资的利润空间，但同时也增大了投资的不确定性，加大了收不抵支、收不抵债的可能性。

(3) 管理风险

管理风险主要是因企业管理人员管理能力不强、经验不足，合同条款不清楚、不按照合同履约，员工素质差、工作积极性低，管理机构不能充分发挥作用等造成的房地产开发成本上升、房地产销售差、空置率过高、经营费用增加、营业净收入（或利润）低于期望值等给房地产投资者造成的损失。

3. 金融风险

金融风险主要是指国家房地产信贷政策和利率调整等产生的风险。利率调整是国家对经济进行宏观调控的主要手段之一。国家通过调整利率可以引导资金的投向，从而起到宏观调控的作用。利率的升高会对房地产投资产生两个方面的影响：一是对房地产实际价值的折减，利用升高的利率对现金流折现，会使投资项目的财务净现值减小，甚至出现负值；二是利率升高会加大投资者的债务负担，导致还贷困难利率提高还会抑制市场上的房地产需求数量，从而导致房地产价格下降，房地产投资者资金压力加大。

长期以来，房地产投资者所面临的利率风险并不显著，因为尽管抵押贷款利率在不断上升，但房地产投资者一般比较容易得到固定利率的抵押贷款，这实际上是将利率风险转嫁给了金融机构。但目前房地产投资者越来越难得到固定利率的长期抵押贷款，金融机构越来越强调其资金的流动性、盈利性和安全性，其放贷的策略已转向短期融资或浮动利率贷款，我国各商业银行所提供的住房抵押贷款几乎都采用浮动利率。因此，如果融资成本增加，房地产投资者的收益就会下降，其投资物业的价值也就跟着下降。房地产投资者即便得到的是固定利率贷款，在其转售物业的过程中也会因为利率的上升而受到不利的影响，因为新的投资者必须支付较高的融资成本，从而使其置业投资的净经营收益减少，相应的新投资者所能支付的购买价格也就会大为降低。

4. 经济风险

经济因素包括经济发展状况，储蓄、消费、投资水平，财政收支及金融状况，物价（特别是建筑材料价格），建筑人工费，居民收入等，这些经济因素的变化和房地产业发展的变化会给房地产投资带来风险。

(1) 宏观经济风险

宏观经济形势的发展变化，如经济发展下滑，投资过热，出现经济泡沫，金融危机等，会给房地产投资者造成经济损失。

(2) 通货膨胀风险

通货膨胀直接降低投资的实际收益率，如房地产投资者将房地产以固定利率的分期付款方式出售或以固定租金方式长期出租房地产，投资者将承担物价上涨所带来的损失。由于房地产投资资金量大、周期长，当物价上涨较快时，投资者面临的通货膨胀风险就更大了。因此，投资者可以通过调整价格和租期即采取浮动租金、浮动利率或缩短租期等方式，在一定程度上减少通货膨胀风险；投资者在进行投资决策时，应充分考虑通货膨胀的影响，适当调整其要求的最低收益率。

(3) 房地产周期风险

周期风险是指房地产业的周期波动给投资者带来的风险。正如经济周期的存在一样，房地产业的发展也有周期性的循环。房地产业的周期可分为复苏与发展、繁荣、危机与衰退、萧条四个阶段。当房地产业从繁荣阶段进入危机与衰退阶段，进而进入萧条阶段时，房地产业将出现持续时间较长的房地产价格下降、交易量锐减、新开发建设规模收缩等情况，给房地产投资者造成损失。房地产价格的大幅度下跌和市场成交量的萎缩，使一些实力不强、抗风险能力较弱的投资者因金融债务问题而破产。

5. 政策风险

政策风险是指由于国家或地方政府有关房地产投资的各种政策变化而给投资者带来的损失。房地产投资是一项政策性极强的业务，政府的土地供给政策、地价政策、税费政策、住房政策、价格政策、金融政策、环境保护政策等，均对房地产投资者收益目标的实现产生巨大的影响，从而给投资者带来风险。避免这种风险的最有效方法是选择政府鼓励的、有收益保证的或有税收优惠政策的项目进行投资。

6. 政治风险

政治风险主要由经济制裁、外来侵略、罢工等因素造成。房地产的不可移动性，使房地产投资者要承担相当程度的政治风险。政治风险一旦发生，不仅会直接给建筑物造成损害，而且会引起一系列其他风险的发生。因此，政治风险是房地产投资中危害最大的一种风险。

7. 自然风险

自然风险是指由于人们对自然力失去控制或自然本身发生异常变化（如地震、洪涝、火灾、暴风雨、滑坡、崖崩、冰雹等）而给投资者带来损失的可能性。这些灾害因素往往又被称为不可抗拒因素，一旦发生，就必然会形成对房地产业的巨大破坏，从而给投资者带来很大的损失。当然，投资者可通过事先向保险公司投保来降低损失。

房地产投资存在不同种类的风险，但从不同类型的房地产投资来看，其风险大小有所不同。一般来说，土地投资受到的影响因素比较多，包括各种经济的和非经济的因素，不确定性比较强，风险很大。对住宅、工业厂房、写字楼和商业用房而言，它们的风险呈现一种递增趋势，即其风险从高到低的次序为：商业用房、写字楼、工业厂房、住宅。

（四）房地产投资风险的规避与控制

房地产投资风险的规避与控制应针对不同类型、不同概率和不同规模的风险，采取相应的措施和方法，避免房地产投资风险或是将房地产投资过程中的风险减小到最低程度。

1. 风险回避

风险回避是指房地产投资者通过对房地产投资风险的识别和分析，发现某项房地产投资活动可能带来风险损失时，事先就避开风险源或改变行为方式，主动放弃或拒绝实施这些可能导致风险损失的投资活动，以消除风险隐患。

风险回避可以在房地产投资风险事件发生之前完全消除其给投资者造成某种损失的可能性，彻底避免风险损失，但其应用却有着很大的局限性。首先，风险回避只有在投资者对风险事件的存在与发生、对损失严重性完全确定时才有意义，然而投资者不可能对房地产投资中所有风险都能进行准确的识别和衡量。其次，采用风险回避能使公司遭受损失的可能性降为零，但同时也使获利的可能性降为零。因此，这是一种消极的方法，一般被保守型投资者采用。再次，并不是所有的风险都能够通过回避来进行处理。例如，房地产开发过程中潜在的各种经济风险、市场风险和自然风险是难以回避的。因此，一般来说，只有在某些迫不得已的情况下，才采用风险回避。

2. 风险预防

风险预防是指投资者在房地产风险发生前采取某些具体措施以消除或减少引致风险损失的各项风险因素，实现降低风险损失发生概率的目的，同时起到减小风险损失程度的作用。风险预防主要是要对风险进行科学、正确的预测，即通过全面的市场调查和充分的市场研究，在获取尽可能详细的、高质量的信息资料的基础上采取有效预防措施。风险预防是房地产投资风险管理中最实用的一种，在整个房地产开发过程的各个阶段都具有广泛的应用价值。

风险预防一般包括的措施有：防止危险因素的产生；减少已经存在的危险因素，并对其进行监控；对风险因素进行时间和空间上的隔离；加强投资方的保护能力；稳定、修复和更新受损对象；风险预防的评价；对下一步的预防目标进行审核与规划。

3. 风险组合

风险组合是指通过多项目或多类型的投资来分散投资风险。"不要把所有的鸡蛋都放在一个篮子里"。对于投资者来说，就是说要懂得分散投资以达到分散风险、降低风险的目的，在风险和收益之间寻求一种最佳的均衡投资组合。这种组合有不同项目类型的组合、不同房地产投资方式的组合、不同地区的项目组合和不同时间的项目组合等。由于不同投资项目的风险及收益能力是不尽相同的，因而实行多项目或多类型投资组合，可以获得比将所有投资资金集中于一个项目或一种方式上更稳定的收益。当然，在进行投资组合时，还应注意各项目及房地产投资类型的相关性不能太强，否则就起不到降低风险的作用。

4. 风险自留

风险自留指房地产投资者以其自身的财力来负担未来可能的风险损失。风险自留包括自我承担风险和自我保险风险。

自我承担风险是指当某些风险不可避免或因冒该风险可能获得较大利润时，企业自身将这种风险保留下来，自己来承担风险所致的损失。在实践中，它有主动自留和被动自留之分。主动自留是指通过风险分析，明确风险的性质及其预期变现损失，对多种预计处置方式的优劣了解之后，投资者主动选择风险自留措施，同时做好财务准备。被动自留是在风险变动带来损失之后，被迫自身承担损失的风险处置方法，这种方法往往带来严重的财务后果。

自我保险风险是企业自身通过预测其拥有的风险损失发生的概率与程度，并根据企业自身的财力，预先提取基金以弥补风险所导致损失的积极性自我承担。自我保险风险是主动自留的一种特例。它一般用来处理那些损失较大的房地产风险，通常是根据对未来风险损失的测算，采取定期摊付和长期累积的方式在企业内部建立起风险损失基金，用以补偿这些风险所带来的损失。

第二章 房地产市场营销

第一节 房地产市场营销概述

房地产市场营销是指房地产开发经营企业开展的创造性、适应动态变化的房地产市场的活动,以及由这些活动综合形成的房地产商品、服务和信息,从房地产开发经营者流向房地产购买者的社会活动和管理过程,目的是满足顾客对土地或房屋的需求。

房地产市场营销的目标和核心是通过运用既定的程序以及技巧,使房地产交易迅速达成,最终实现房地产商品的价值。房地产营销是沟通和连接房地产开发、房地产流通以及房地产消费和使用的重要手段。

一、房地产营销特征

房地产自身的特点决定了房地产营销具有不同于普通消费品营销的特征,具体表现在以下两个方面:

(一)复杂性

房地产营销包含了市场调研、地段选择、房地产产品设计与定价、销售渠道的选择、促销等一系列复杂的过程。房地产市场营销涉及领域多、部门多、法律多,需要很多专业人员的参与,还容易受外部环境的影响。法律法规的变动、金融风暴、股市波动等都会对房地产营销活动产生不确定的影响。

(二)风险性

房地产开发周期长,从项目可行性研究到最终推出楼盘销售,一般需要一年以上的时间。在长周期的开发过程中,企业面临的外部环境都会发生变化,甚至会发生意想不到的事情,加大了房地产营销的风险。

（三）差异性

房地产商品由于区位、设计等因素的不同而具有独一无二的特征，不能像普通商品那样进行大批量的复制和生产。房地产价值大、使用期限长，购房者会慎重考虑后才做出决策。因此，购房者的购买行为以复杂的购买模式为主。房地产营销人员面对的顾客都是全新的，是典型的一对一营销，推销产生的作用往往会很大。

（四）协同性

房地产营销需要建筑业、金融业、通信业等的配合，涉及投资咨询、市场调研、建筑设计、工程监理、销售推广、物业管理等，需要不同的专业人员通力合作才能做好。房地产企业仅凭自己企业的人员从事相关工作是不够的，应组建行业专家、政府部门官员、高校学者、律师等组成的智囊团，为营销活动献计献策。

二、房地产营销理论

（一）4P 理论

1. 产品（Product）

是指能够提供给市场被人们使用和消费并满足人们某种需要的任何东西，包括有形产品、服务、人员、组织、观念或它们的组合。产品注重开发的功能，要求产品有独特的卖点，把产品的功能诉求放在第一位。

2. 价格（Price）

是购房者为获得产品而支付的货币数量，是交换过程中备受关注的焦点问题。价格仍然是购房者决策的主导因素，在销售过程中最为购房者感兴趣，同时也确定了房地产开发商的盈利利润。双方买卖达成协议的最根本问题就是价格问题。定价是房地产营销过程的核心和关键，一切操作均以此为主轴。

3. 销售渠道（Place）

可分为直接渠道和间接渠道。直接渠道是指通过个人联系，以信件、电话、电子手段、交流往来等方式将产品从公司出售给潜在客户。间接渠道是指通过第三方中间人（如代理或经纪人代表）出售产品。房地产企业主要采用直接销售的渠道。因为房地产产品的关键信息，如楼盘质量保障、企业信誉、支付承诺等，只有通过面对面的交流才能有所了解。

4. 促销（Promotion）

包括广告、人员推销、营业推广和公共关系活动四种方式，目的是对消费者或使用者传递产品和企业信息，唤起顾客对商品的需求，以开拓市场，树立产品和企业形象。在实际促销过程中，选择四种方式组合应用，构成促销的组合策略。

（二）4C 理论

4C 理论又称整合营销理论，强调购房者的愿望和需求（Consumer）、购房者的便利性（Convenience）、购房者可接受的价格（Cost）以及企业与顾客之间的有效沟通（Communication）。房地产整合营销的实施主要包括市场细分、项目优化、渠道多样化且双向性、服务延伸四个环节。

1. 市场细分

房地产市场上的各个细分市场已发展形成，各个细分市场的差异正在逐步扩大。首次购房者收入相对较低，主要考虑的是满足基本的住房需求，如一定的面积保证，购物、上学和就业方面的便利程度等；换房群体的收入相对较高，除了以上的基本需求之外，更多地考虑到住房的舒适程度，有足够的空间、优雅的环境等。

2. 项目优化

房地产开发的整个过程需要 2~3 年的时间，目标市场的分析实际上是一个预期、动态的分析。国内房地产市场发展迅速，产品更新速度快，因此，项目优化始终贯穿于整个项目的全过程，从房型设计、平面规划到总价区间、购买力分析，营销人员参与整个过程。

3. 渠道多样化且双向性

随着传播媒体技术的发展和房地产市场的不断成熟，借助各种不同媒体的力量，利用媒体交错使用达到预期的销售目标将成为更合理的选择。由于沟通是双向互动的，利用平面、立体和网络渠道等信息传播方式的组合，才能使这种变化得到充分的体现和及时的反映。

4. 服务延伸

房地产营销进入立体结合阶段，服务的内涵已覆盖了项目前期的选择、项目中期的施工和项目后期的竣工交房，还包括售后的中介服务。服务的外延包括房地产一级、二级和三级市场，让购房者享受全过程的服务。

（三）5S 规则

房地产营销中的 5S 规则是房地产营销人员通过长期实践活动总结出来的规律，在实际中具有重要的指导意义。5S 是指速度（Speed）、微笑（Smile）、真诚（Sincerity）、机敏（Smart）、研学（Study）。

1. 速度（Speed）

强调在房地产营销活动中要注重办事速度和效率。处理业务的时候要快捷，办事安排要程序化，注重沟通技巧和协调能力等。在接听电话、通知变化事项、预约和赴约、交款、倾谈等具体事项中能够快速、准确、无误地操作。

2. 微笑（Smile）

在与客户交往中要提倡微笑服务，强调通过外表健康的、体贴的微笑体现出对客户的理解和宽容，以获取客户的信任和认可，但要把握好度。

3. 真诚（Sincerity）

一方面努力做到真诚待客，另一方面也要通过恰当的表现让顾客感受到你的真诚。房地产营销是通过为人服务创造业绩的，树立形象应从真诚开始。

4. 机敏（Smart）

即精明、整洁、利落，强调房地产营销活动中要做事情清楚，好而快，以灵活巧妙的工作态度来获得顾客的信赖。

5. 研学（Study）

房地产营销人员需要持续不断地研究顾客心理、接待技术、房地产知识和市场资讯，累积足够的专业和实践知识才能为顾客提供高质量的服务。

三、房地产营销的理念创新

房地产营销的理念创新表现在以下六个方面。

（一）品牌营销

房地产品牌是由房地产开发商在进行房地产产品开发经营的同时，有计划、有目的地设计、塑造，并由社会公众通过房地产产品的品质和价值的认识而确定的企业标志或商标。房地产品牌可以分为项目（楼盘）品牌和企业品牌，其中，项目品牌是企业品牌的基础。房地产品牌的树立比较困难，但树立后则比较稳定，要凸显出企业品牌而不是项目品牌，因为项目品牌的生命周期比较短且受到地域的限制。

品牌具有特定的属性，这种属性需要转化成功能和情感利益，顾客购买的不是属性而是利益。品牌往往象征了一定的文化，体现了企业的价值感，还代表着鲜明的个性特征，体现了购买和使用该产品的与众不同。

房地产企业之间的竞争已逐渐从价格竞争、规模竞争、质量竞争、功能竞争发展到品牌竞争。品牌对开发商和购房者的意义重大，房地产企业不能形成垄断地位，但品牌可以形成垄断优势；购房者为满足受尊重和自我实现的需要，会更加注重品牌。打造品牌楼盘，树立品牌形象，走品牌化发展道路，将成为房地产企业的主要营销策略。

（二）关系营销

关系营销强调通过企业与购房者的双向沟通，建立长期稳定的对应关系，在市场上树立企业和品牌的竞争优势。营销理念的核心是让顾客满意，主张重视购房者导向。对于购房者来说，在发生交易之前，都会对开发商提供的产品和服务有所期待，在获得产品和服务之后，自然会对产品和服务进行评价。开发商能否站在购房者的角度思考问题，向购房者提供达到或超过购房者心理预期的产品和服务，是建立和维持与购房者良好关系并取得营销成功的关键。例如，在销售渠道上，开发商应尽可能地考虑如何给购房者以最大的方便，设立便捷的销售网点或通过互联网进行双向式交流，提供免费看房直通车、进行全程服务代理等。

（三）文化营销

房地产文化营销就是房地产营销过程中注入文化的精髓。随着人们生活水平的提高，对住房的要求已不再是遮风挡雨那么简单。开发商在实施文化营销以满足购房者居住文化需要时，可以更好地提升建筑的品位与魅力，改善建筑的社会文化环境，增加房地产的附加值，从而达到企业、购房者和社会的"三赢"。

购房者对住房的选择体现了其生活品位和生活态度。购房者选择住房时已不限于质量、造型、配套等有形产品，对居住小区文化设施的要求越来越高：不仅关心周围文教单位的数量、配置和距离，而且愈来愈重视小区文化设施的数量、品位、小区内其他住户的文化层次。开发商不仅要注意在建筑风格上尽量体现文化内涵，还要通过富有特色的主题创意，提升住宅小区的文化价值，展现出一种高品位的美好生活蓝图，同时要注意通过高品位会所、藏书丰富的图书馆、温馨祥和的邻里中心、设施齐全的幼儿园与中小学来营造小区的文化氛围。

(四) 绿色营销

实施绿色营销，首先应将绿色理念融入设计中，绿色住宅要避免粗放、浪费的模式，以最低的能源和资源成本去获得最高的效益。其次要通过绿色认证，增加社会的可信度。实施绿色营销的房地产企业获得地产联合会和环保总局的绿色认证是非常重要的，这样可以增加企业的信誉和可信度。开发商还应将设计、开发、建筑、装修的全过程透明化，包括使用的各种绿色建材、绿色家居等都披露给购房者，通过公益广告宣传，让人们了解绿色住宅的优势和对身体健康的重要性。在促销方面，也要强调绿色环保的理念。企业的环保支出应纳入产品的成本核算，因为增加了房地产产品的成本，绿色定价也相应较高，因而降低经营成本、制定合理的绿色价格是绿色营销能够成功的关键因素。

(五) 全程营销

房地产开发是一项复杂的综合工程，房地产营销的实施应起始于项目可行性研究阶段，贯穿于项目设计、建造、销售、物业管理等整个过程。在项目前期介入的目的是了解、熟悉目标市场，为产品的市场定位提供帮助，并做出房地产投资决策，为市场推广做好准备。售后服务是项目成功的重要保证，否则购房者会怨声载道，损害企业形象。全程营销强调，房地产企业既要注重将营销观念体现在整个房地产开发过程中，也要注意与地方政府、金融机构、物业公司和其他社会组织的合作。

(六) 网络营销

随着互联网的快速发展、网民数量的急剧增加，电子商务融入了人们的日常生活中。房地产销售也可以搬到互联网上进行，网上售房大幅降低了房地产销售人员的工作强度，不仅提高了房地产开发商的服务水准，同时节省了管理成本。顾客也可以在网上发出提问，且可以获得及时的反馈和响应。最近出现了房地产商和电子商务相结合的营销模式，通过强强联合、优势互补、公开透明的销售方式达成交易，受到了一定的青睐。甚至随着微博应用的推广，在微博上发布及时的房地产信息，促成交易，也是一种全新的营销模式。

但是，目前，网络营销还存在着局限，主要是法律保护和网络安全技术方面，渠道的安全性对于房地产这样的大宗商品交易来说仍然不够；另外还有购房者消费观念上比较难于接受在互联网上进行房地产产品的交易，来自心理层面的压力也是不容忽视的。

房地产网络营销目前虽然受到一些限制，无法占据房地产营销的主流位置，但这一模式能促使交易更便利、更及时、更节约,随着网络交易法律法规的完善、技术进步和购房者心理层面压力的减少,房地产网络营销很可能占据主导地位。

第二节 房地产产品策略与价格策略

一、产品定位的方法

从实际的产品定位活动来看,两阶段产品定位策略和三层次定位策略运用得最为广泛。

(一) 两阶段产品定位法

该方法主要包括两个阶段:第一阶段,确定房地产产品的基本用途和开发周期;第二阶段,确定房地产产品的规划设计、开发形态与开发方式。第一阶段房地产企业,首先必须深入了解土地自然条件,一般来说,土地面积越大、形状越方正规则,价值和发展空间就越大;其次还应研究土地使用的条件、总体规划情况、是否有用途管制或其他限制、周边土地的使用情况。一般来讲,单独通过批租转让或转让取得的土地使用权比通过合建取得的土地使用权的产品定位空间和自由度大,因为在合作开发下,提供土地的一方会提出一些附加条件。第二阶段房地产企业的定位目标是使企业创造和增加产品附加值。需要考虑如下因素:相关的城建法规和政府政策限制,比如,容积率的分配、楼层高度限制和用途管制等;市场需求特征,比如,潜在购房者价格可接受区间和需求偏好等;相对报酬及其风险,比较不同楼盘设计的成本收益等的差异性。

(二) 三层次产品定位法

该方法是指依据影响项目所在地的环境范围大小来划分的市区级层次的一般因素、商圈层次的区域因素、项目所在地层次的个别因素,其实质是由整体到局部、由表及里、由外至内地对房地产产品进行分析研究。划分三个层次的目的是帮助房地产企业掌握环境分析与评估范围,能够帮助策划人员系统全面地分析评估自然地理与社会人文环境。另外,三层次产品定位法的运用也必须围绕产品的性质来实施。

二、产品定位的策略

(一) 产品生命周期策略

产品的生命周期策略是指房地产企业根据产品所处的不同生命周期采取不同的策略行为。房地产开发企业除了把精力投入到产品质量上，还应注意不同时段的销售策略。房地产产品的生命周期阶段划分与对应策略如下。

1. 引入阶段

房地产产品引入阶段时，销售额不大，市场狭小，利润增长极为缓慢。产品的内在价值还没有完全展现出来，目标顾客的消费观念还没来得及转变，这样使得房地产价格标准很难确定下来。广告和其他推销费用数额巨大，这时利润很少，企业面临的市场风险较大，市场预测失误或产品定位不准都会严重影响企业的生存。在这一阶段，企业必须尽快告知潜在购房者该产品的独特价值和内在功能。

(1) 快速夺取战略

房地产开发企业实施高价格、高促销费用的策略来迅速实现扩大市场占有率的目标。

(2) 缓慢夺取战略

如果房地产开发企业面临的市场比较小，大多数潜在购房者已经对本产品有了深入的了解，同时，企业的竞争压力不是很大，可以采取高价格、低促销费用的策略来缓慢实现市场销售目标。

(3) 快速渗透策略

快速渗透策略是指房地产开发企业实行低价格、高促销费用的销售策略，应用范围比较普遍。该策略实施的前提是目标市场容量很大。潜在购房者对价格的变动趋势非常敏感，市场竞争程度又很激烈。该策略的主要目的是快速夺取市场份额。

2. 市场成长阶段

产品销售量急剧上升，市场中的潜在购房者已经对该产品有了非常深刻的了解，市场份额不断扩大，利润量也急剧增加是成长阶段的主要特征。对于房地产企业来说，市场成长期是最为有利的销售阶段。企业要抓住这一机会，执行正确的市场策略，推动产品市场竞争能力的上升。在该阶段企业应把宣传的重点从扩大产品认知度转移到努力促成现实购买上来，同时根据市场形势的发展变化，适当地使用价格策略吸引潜在购房者，扩大市场占有率。

3. 市场成熟阶段

成熟阶段的市场销售量主要依靠已购房者带动潜在购房者的购买来维持，所以，买房的后续服务应跟上，销售量不可避免地会下降。企业的应对策略主要有适当改进产品功能与不足、重新确定细分市场扩大潜在购房者群体、争取声誉传播来促成购买等。

4. 市场衰退阶段

产品出现滞销、利润下降是该阶段的主要特征。房地产开发企业应着手总结该产品的开发销售经验，逐步退出原有的细分市场，并集中资金和技术为新产品的上市做好准备。

（二）产品差异化策略

产品差异化是指在房地产产品的设计、开发、服务过程中形成的各种特点，从而使企业为市场提供的房地产产品与竞争者能够有效地区别开来的过程。差异化策略的基础在于不同购房群体的需求存在差异性。差异化的优点是不但满足了目标市场购房者的需求，而且能为潜在竞争者设置进入障碍，并给开发商带来丰厚的边际利润。在采取差异化策略时，应避免不了解购房者真实需求偏好而主观臆断地开发差异化产品，差异化程度太高而导致市场容量过小等问题。差异化可从以下四个方面实施：

1. 特色差异化

特色就是指房地产产品基本功能的增加和补充，例如，设置大型草坪提高住宅小区的生态环境水平。特色差异化要求房地产企业经常与潜在购房者进行沟通与交流，进行广泛的市场调查，切实把握市场发展趋势。

2. 性能质量差异化

性能质量是指房地产产品的主要功能和特色在实际使用时体现出来的水准，主要体现在楼盘区位、环境、布局、物业服务等环节。房地产产品质量、价格、利润之间有不可分割的关系，因此，在产品定位时要谨慎地选择与产品档次规模相符的质量性能水平。

3. 建筑风格差异化

房地产消费者对于房地产产品的视觉效果和直观印象是非常重视的，房地产产品是工程技术、文化等诸因素的完美结合。越来越多的房地产开发商意识到建筑风格的重要性。在实践中，将民族特色融入产品的开发设计是最大的挑战。

4. 设计差异化

房地产企业的产品设计是市场营销战略中的关键环节。设计方案的选择和确定直接关系到产品的市场竞争力。产品的设计工作展示出企业整体的形象和品牌优势，而这也是一项专业性很强的技术工作，房地产开发企业在考虑设计艺术性、美观性的同时，不能忽略房地产产品最基本的实用性。

（三）产品组合策略

房地产产品组合是指一个房地产企业生产销售的全部产品结构。产品组合包括深度、广度和关联度三个层面的内容。产品组合策略能有效化解经营风险，房地产企业大都实施产品组合策略。常见的产品组合策略有以下四种：

1. 综合发展策略

资金实力非常雄厚，经营管理能力强的大型房地产集团采用综合发展最为合适，效果也最明显。因为大型房地产集团能够拓展产品的深度和广度，为不同购房者提供不同类型的房地产产品。这样的策略可以较好地分散经营风险，扩大市场占有率，提升企业品牌的知名度。

2. 广度扩展策略

中小规模的房地产开发企业适合采取扩大产品广度的战略，如把目光瞄准住宅市场、商业用房、写字楼等市场，这样可以有效地利用资金、技术以及销售渠道，分散经营风险。同时应把握广度战略的程度，避免企业的产品开发管理陷入混乱，缺乏重点。

3. 深度扩展策略

小型的房地产开发商适合通过扩展产品深度来参与市场竞争。例如，企业集中资金、技术和管理经验投入到住宅市场，既开发出适合普通工薪阶层的经济适用房，又开发出适合都市白领居住的高档商品房，还有适合特别富裕群体的花园别墅等。深度扩展战略可以使产品实现系列化、标准化、通用化，加快新产品开发速度，尽快确立目标市场的局部竞争优势。

4. 产品细分化战略

房地产企业在市场细分活动的基础上，选择某一批购房者的特定需求未被满足的细分市场作为目标市场。

（四）产品创新策略

房地产企业的创新活动有利于促进企业的成长，维护市场中的竞争优势。开发新产品可以减少因原有产品滞销造成的经济损失，可以提高资源使用效率，降低开发成本，维护企业竞争优势，争取更多的市场份额，有利于企业提高自身适应环境的能力，帮助企业度过经济萧条或市场不景气的难关。房地产企业在开发新产品的过程中，应坚持适销原则、特色原则、客观原则和效益原则。

房地产新产品可以分为以下四类：

1. 全新产品

全新产品是指房地产企业采用新技术、新材料、新原理制造的在性能结构造型上都有独到之处的产品。从房地产开发实践来看，这样的新产品开发成本高，一般很少出现。

2. 替代新产品

其特点是将新功能和原有的产品相结合，使产品具有新的功效。替代产品保留了原产品的基本功能，但是增加了新的使用价值。由于它开发成本低、效果好，再加上原有的开发经验，其新功能比较容易被广大消费者接受。

3. 改良新产品

这种新产品的实质与原有产品基本没什么不同，只不过将原有产品的外观、造型、式样进行了适度的改良。

4. 模仿新产品

由于房地产行业产品的保密性很低，户型等相关技术的模仿就很容易。模仿新产品也是不错的产品创新策略，其好处是可以降低开发成本，减少市场调查等工作环节，迅速参与到市场竞争中去。

三、房地产价格策略及影响因素

房地产价格策略是指房地产开发企业根据房地产商品的生产成本和使用价值，应对市场的反应，而对房地产商品在价格的决定和变动方面所采取的各种措施，使得企业利润实现和利润控制在一个合理的范围内。

除了购房者的价格意识和对房地产商品的价值判断会影响企业实施的价格策略之外，房地产价格策略还会受到以下三个因素的影响：

（一）企业的整体营销战略与策略

房地产企业在从事市场营销活动的过程中，需要考虑各方面因素，制定整体营销战略。价格策略作为市场营销决策体系的重要组成部分，既要服从于市场营销战略目标的实现，又要配合与其紧密相连的其他策略（如产品策略、渠道策略和促销策略）。从营销渠道看，选用不同的营销渠道就会有不同的价格；此外，促销手段与方式也往往要和价格策略配合使用才能收到预期的效果。因此，价格策略要受到整体营销策略的影响。

（二）企业所处的市场竞争环境

房地产企业所处的市场结构及其在该环境中所处的地位也会影响企业的价格策略。价格策略需根据市场结构、企业在市场结构中的地位、竞争对手的价格策略来确定。不同类型的市场有不同的运行机制和特点，对企业行为具有不同的约束力，企业必须根据其所处的市场结构做出不同的价格决策。市场领导者首先考虑的是稳定价格，并保持市场领导者的地位；市场追随者则会由于自我实力根据市场领导者的行动做出决策；市场挑战者则会为了在市场站稳脚跟或提高自己的竞争地位并成为市场领导者而发起价格挑战。竞争对手的价格水平及价格变动会直接影响房地产开发企业产品的销路以及竞争地位。

（三）企业追求的营销效果

营销效果可以分为短期营销效果和长期营销效果。一般来说，在各个时期有不同的侧重点，短期效果以增加收入为主；长期效果则主要是为了提升企业形象。如果是追求短期效果经常使用高价策略，而如果是追求长期效果则不能着眼于眼前的利益，甚至在必要的时候还得牺牲一些眼前利益。

四、房地产价格的定价目标

房地产价格的定价目标服从于企业的经营目标，是房地产商品定价运作中定价方法和价格制定策略的依据，企业的定价目标主要包括以下四种。

（一）以获取利润为目标

以获取利润为目标主要分为两类：

1. 获取最大利润目标

商品房的价格一般介于与成本基本持平的最低销售价和市场可能接受的最高销售价之前。最大利润目标会导致高价策略，但价格高到什么程度，才能既保证企业利润的最大化，又能使购买者承受得了，是企业需要周密考虑的着眼点。

2. 获取平均利润目标

房地产商获取平均利润，其价格定位可以有两种参照：一种是把价格定位于上述最低销售价和最高销售价之间；另一种是把价格定位于同行中大多数企业的一般利润水平。

（二）以市场份额为目标

刚刚进入房地产业的企业，其定价目标是大幅度增加销售量，为了提高市场占有率，而不惜放弃利润目标，甚至可能是轻微的亏损。从长期来看，能提高市场份额的低价策略既可以排除竞争，又能提高利润率。当需求对价格比较敏感时，企业要有规模效应，较低价格策略才能生效。

（三）以回笼资金为目标

房地产业与其他产业不同，它投资大、周期长，企业大都是高负债经营。因此，为了降低投资风险，减少贷款利息支出，许多房地产开发企业，尤其是中小型的开发企业，往往以回笼投资资金为目标，薄利多销。

（四）以维持企业生存为目标

如果企业由于市场需求发生变化，导致建成的商品房积压滞销，就会造成企业在资金周转上的困难。在这种情况下，企业就不得不以维持生存作为首要目标。以生存为目标的产品价格的最低限就是变动成本，只要定价能大于变动成本，就意味着除了能收回变动成本之外，还能收回部分的固定成本，这样企业就能够继续维持营业。当然以维持企业生存为目标只能是作为企业的短期目标，渡过难关后必须提高价格。

五、房地产价格的确定方法

房地产价格的确定方法有成本导向的定价法、需求导向的定价法和竞争导向的定价法。

（一）成本导向的定价法

成本导向定价法是一种以成本为中心，按卖方意图进行定价的方法。在定价时，首先考虑收回企业在生产经营中投入的全部成本，然后再考虑获得一定的利润。以成本为导向的定价方法主要有以下三种：

1. 成本加成定价法

是在单位产品成本上附加一定的加成金额作为企业预期利润的定价方法，确定一个合理的加成率是问题的关键。它没有考虑市场需求和竞争因素的影响，是一种卖方市场条件下的定价方式。

2. 目标收益定价法

是在总成本的基础上，按照目标收益率的高低计算产品价格的定价方法。目标收益定价法和成本加成定价法的区别在于前者着眼于产品的总成本，而后者则着眼于产品的单位成本。只有在预测的总成本和预计的销售量都比较准确的情况下，才能制定出合理的目标收益价格。对于需求比较稳定的产品、供不应求的产品、需求价格弹性比较小的产品和一些公用事业、劳务工程项目等，目标收益定价法是一种有效的定价方法。

3. 盈亏平衡定价法

即在销售量既定的条件下，企业产品的价格必须达到一定的水平才能做到盈亏平衡、收支相抵，这个既定的销售量就是企业的盈亏平衡点。准确地预测销售量和固定成本、变动成本是盈亏平衡定价的前提。盈亏平衡定价法的缺点在于要先预测产品销售量，由销量来决定价格，但现实情况却是价格的高低对销售量有很大影响。这种定价方法只在企业产品销售遇到困难，或市场竞争激烈时，才将保本经营作为定价目标。

（二）需求导向的定价法

以需求为导向的定价方法主要有以下两种：

1. 需求差异定价法

是指在给产品定价时可根据不同需求强度、不同购买力水平、不同购买地点和不同购买时间等因素，采取不同的价格。它区分各种差异情况，然后再在基础价格上决定加价或减价。它主要有以顾客为基础的差别定价、以产品为基础的差别定价和以时间为基础的差别定价。

对房地产商品而言，最主要的是以产品为基础的差别定价。由于房屋的层次、朝向、位置等因素的不同，房地产商品的价格具有很大的差异，具体来说有以下六种情况：楼层差价、朝向差价、边间差价、面积差价、视野差价、材料和设计结构的差异。例如，高层、小高层定价由低往高逐渐上升，因为越往高层景观越好，但最后一层由于隔热不好或由于房顶有通信设施而使价格比倒数第二层便宜；房屋朝南是最佳的朝向，其他朝向中，东次于南，西再次，朝北的最差，房价也相应依此变化。

2. 价值认知定价法

以消费者对企业产品的认知价值而不是以该产品的成本作为定价基础。消费者对房地产商品价值的判断不同，就会形成不同的价格限度。因此，企业首先要通过市场研究确定其产品由于质量、服务、广告宣传等因素在顾客心目中所形成的认知价值，据以确定产品的售价。企业如果过高估计消费者对产品的认知价值，就可能定出过高的价格，影响销售；企业若低估了消费者对产品的认知价值，就会使其定价低于应有的水平，减少企业的收入。

（三）竞争导向的定价法

以竞争为导向的定价方法主要有以下两种：

1. 随行入市定价法

指企业根据同行业相互竞争的同类商品的价格作为定价依据对企业的产品进行定价。当产品成本的测定较为困难，竞争对手的价格策略不易把握，以及企业希望得到公平的报酬，而又不愿意打乱现行的市场格局时，企业往往采用这种定价方法。企业可以根据市场的结构而决定是采用追随市场领导者定价还是采用市场一般价格水平定价。房地产开发企业在采取随行就市定价时，要着重把握其中的降价策略。当竞争对手采取降价策略时，企业要慎重考虑是部分追随降价还是全部追随降价，或者是保持原有价格水平。

2. 主动竞争定价法

指根据企业房地产产品与竞争对手产品的差异以及自身的实力水平来确定价格。企业要在对比分析自身房地产商品的区位、质量、设计与竞争对手区别的基础上，确定企业产品的特色和优势并确定价格。主动竞争定价法一般被实力雄厚以及产品独具特色的企业所采用。

第三节　房地产销售渠道策略及促销策略

一、房地产营销的渠道与特点

房地产营销的渠道是指房地产商品由房地产开发企业流向最终用户的方式，主要由经销商和代理商组成，有直接渠道和间接渠道两种方式。直接渠道是指房地产开发企业通过自己的营销人员直接销售其房地产产品的行为，简称为直销或自销。间接渠道，是指房地产开发企业通过中间商将产品销售给消费者的一种营销方式。其中，房地产中间商是指处在房地产生产者和消费者之间，参与房地产商品流通业务，促进买卖行为发生和实现的机构或个人。房地产中间商的类型有两种,即按其是否拥有房地产商品所有权可分为房地产经销商和房地产代理商,由于房地产产权转移涉及巨额资金,间接渠道一般以代理商为主。

房地产营销直接渠道的适用范围有：大型房地产开发企业往往拥有自己专门的市场营销队伍和世界或地区性的销售网络,它们提供的自我服务有时比委托代理更为有效。因为企业的人员更可能全力地为企业促销产品,从而可以对促销进行很好的控制。当市场为卖方市场时,由于市场供不应求,只要有楼盘推出就会有很丰厚的利润,房地产开发企业往往不需要专业的销售队伍,更不必委托他人销售。自身素质优良、市场反应非常好的项目,有时不需要房地产代理机构也能很快地租售出去。当企业所开发的房地产项目已有比较明确甚至固定的买家时,也无须再委托房地产代理机构。

房地产营销直接渠道的优点有：房地产开发企业直接面向市场,了解购房者的需求、购买特点以及变化趋势,可以及时做出相应的经营决策,更好地满足消费者的需求；可以缩短房地产商品的流通环节,减少流通费用,降低营销成本；为消费者提供特殊的服务,比如,消费者对物业形态、结构、色彩以及室内装修等的不同要求,进而有利于企业扩大市场影响力、提高企业声誉以及树立企业品牌形象。

房地产营销直接渠道的缺点有：房地产直接营销会占用企业一定的人力、物力和财力,分散企业经营决策层的精力,可能会使企业顾此失彼,开发建设和营销两方面都受影响；独立承担全部风险,因而风险较高；营销网络、营销能力以及对市场信息的了解程度毕竟不如专业的中间商,有时会影响营销速度,延长项目周期,不利于企业的资金周转。

房地产营销间接渠道的优点有：可以集中人力、财力和物力,专心于房地产项目的开发,同时,中间商的介入加快了房地产商品的流通速度和企业资金的周转速度,可以提高房地产开发企业的经营效益；房地产经销商的介入,提高了资金回收的速度；房地产代理商的介入,加快了房地产产品的营销速度,也间接起到了分散房地产开发企业经营风险的作用。中间商通常都会为消费者提供交易流程的相关服务,大大简化了交易手续,节约了购房者的时间和精力。

房地产中间商的主要经营目标就是推销房地产,把房地产产品的所有权或使用权尽快传送到消费者手中,实现房地产商品的价值和使用价值。中间商在承揽房地产营销任务后,通常会实施各种促销手段,从而保证房地产开发企业尽快完成资金回收。中间商对于价值评估、合同签订、产权登记、变更登记、工商税务以及金融保险等各个专业领域都有较为丰富的专业知识和经验积累,可以为房地产生产者和消费者提供相关的咨询服务。中间商可以利用自身的资质、商业信誉和特殊渠道,从中做大量的协调、融通工作,帮助房地产开发企业向银行争取建设贷款,或帮助广大购房者争取住房抵押贷款。房地产开发经营必须建立在市场调查和预测的基础之上,由于中间商处于市场的第一线,对于市场需求状况、消费者心理以及市场供求的变化和发展趋势掌握最为直接和准确,因此,通过中间商来进行市场调查和预测,可靠程度高。

房地产营销间接渠道的缺点有:由于中间商会收取商品的中介费用,因此,增加了商品的成本,转嫁到购房者身上就会提高产品价格;房地产产品在使用过程中离不开各项服务,尤其是物业管理服务,中间商在这方面的服务往往不如房地产开发企业那样及时和周到;产品信息是由中间商"转达"的,因此,信息质量会有所下降;开发商无法及时了解购房者需求以及竞争对手的最新信息,不容易把握市场变化趋势。

二、房地产营销的渠道选择

影响房地产营销渠道选择的因素主要有三个:

(一) 市场因素

市场因素主要表现在潜在顾客数量、顾客购买习惯和销售的阶段性三方面。潜在购买者越多,则市场范围越大,越需要中间商来提供服务;若潜在顾客极少,则房地产开发企业可以利用自身的营销力量直接销售。顾客的消费偏好、意愿价格以及对销售人员的要求,都会影响营销渠道的选择。房地产产品从预售阶段到工程竣工阶段需要一定的时间,通常预售阶段是房地产开发企业充分利用代理商的阶段,而竣工后则可以直接营销。

(二) 公司因素

房地产开发企业的规模大,资金雄厚,则较能任意选择营销渠道,可不依赖中间商的服务,自己建立销售网;但实力较差的企业则必须依赖中间商的服务。房地产开发企业在营销方面的管理能力与经验影响营销渠道的选择。房地产开发企业提供的服务越多越完善,越能够吸引更多的中间商争取销售权。

(三) 产品因素

房地产商品本身的特性也会对营销渠道选择产生影响,主要体现在房地产产品价值上。例如,推出的高档公寓和别墅,目标市场比较明确,可以直接派自己的营销人员推销,而不必采用间接营销渠道;而对于一些中低价位的楼盘,由于目标客户分散,采用直销方式显得成本过高。

三、房地产营销的渠道管理

房地产营销的渠道管理主要包括渠道控制、渠道合作和渠道冲突管理三方面内容。

(一) 房地产营销渠道控制

房地产营销渠道的控制是指营销过程中房地产开发企业以各种标准制约营销渠道中各成员行为的活动过程,它应当贯穿于整个营销渠道管理过程。营销渠道控制的最终目的很明确,就是企业和产品为核心,实现企业经济效益最大化。

1. 制定渠道控制标准

渠道控制标准是指评估中间商各种工作绩效的具体标准,如销售目标任务、市场份额指标、广告宣传效果、信息反馈水平等。指标的制定应切实可行,以中间商经过努力即可达到为宜,指标定得过低或过高均不利。

2. 检查与修正控制标准

渠道控制标准应保持相对稳定,但市场发生较大变化时,则应适时修正。对于已经确定的标准,应充分做好沟通工作,使中间商心悦诚服地接受。此外,企业应按期及时以既定标准评估中间商的工作绩效,对达标者给予规定的激励,而对绩效较差者,应帮助其分析失误原因,不应轻易中止合作合同,更换中间商。

3. 强化对中间商的监督

这样做主要是为了防止中间商在营销过程中有违反法律法规和商业道德的行为。例如,协助政府有关行政部门加强对房地产经纪人的管理,促使经纪人奉公守法,合法经营。

4. 对营销渠道进行评估

房地产开发企业应定期对营销渠道做整体性的评估。当营销渠道的运作严重偏离控制目标并难以纠正时,应当考虑及时修正和调整营销渠道结构。

(二) 房地产营销渠道合作

房地产营销渠道合作包括了解中间商的需求和对中间商的激励。

1. 了解中间商的需求

中间商会根据市场需求决定自己需要选择什么样的房地产开发企业。合作管理的第一步是开发商去了解中间商的要求,然后在保持独立性的基础上尽量满足中间商的要求,使产品适销对路，并调动中间商的积极性。房地产开发企业一般要考虑中间商需要的是什么样的适销产品。房地产开发企业在注重产品质量的同时应注意产品功能和式样的创新，以符合市场需求的潮流。房地产开发企业要为中间商提供必要的人力、财力、物力的支持，才能更好地实现既定销售目标，例如，提供营销人员的培训、专业技术的支持等。

2. 对中间商的激励

为了使整个营销系统能够有效运作，合作双方的良好关系能够维持长久，渠道管理中的一个关键点就是如何增强维系双方关系的利益纽带。因此，对中间商的激励机制就显得相当重要。特别要注意的是，房地产开发企业建设营销渠道不是一蹴而就的，也不是一劳永逸的。对中间商的激励机制，不管是手段还是效果，都应当注意其持续性。

（三）房地产营销渠道冲突管理

中间商与房地产开发企业的利益目标是有所差异的，所以，不管营销渠道选择得多好，控制和管理得多好，两者之间总是会存在或大或小的冲突。营销渠道冲突是指渠道成员的某一方或几方利用某些优势和机会对其他成员所采取的敌意行为，这种敌意行为会阻挠或伤害其他成员的利益，但可以使本方得益。

房地产营销渠道冲突管理是指房地产开发企业通过建立一些特定的机制来发现并解决营销渠道的现有冲突和潜在冲突的行为。其目的在于消除渠道成员间的敌意行为，保证营销活动的顺利进行，树立企业在消费者心目中的整体形象。冲突管理的解决方法主要有以下几种。

1. 设立共同目标

共同目标是指通过渠道成员共同努力，以达到单个成员所不能实现的目标，其内容包括市场份额、顾客满意度等。这种情况经常发生在该渠道系统面临外部威胁时，如新竞争者的出现或购房者要求的改变，这时房地产开发企业可通过设立共同目标，联合排除威胁。

2. 加强沟通

房地产开发企业应通过加强渠道成员的沟通来消除冲突或潜在冲突，具体的方式包括渠道之间的人员互换、定期召开协调会等。

3. 劝说

房地产开发企业利用自己的权力或主导地位来化解问题，这是一种垂直方向的沟通方式。劝说实际上就是提醒渠道成员履行自己的职责，因此也是最常用的化解冲突的方法。

4. 谈判

谈判是当冲突升级到一定程度，一般的沟通已无法起到作用时采用的方法，其目的在于双方互相陈述利害关系，说服对方做出让步。

5. 调解或仲裁

调解或仲裁是当冲突很尖锐并长期存在、无法通过渠道内部沟通时，借助外在的力量来解决问题的方法。调解与仲裁的区别在于前者借助的第三方是双方都认可的或者都有亲密关系的企业或人员，而后者则常常是行业协会或其他专业仲裁机构。

四、房地产营销的促销策略

促销策略是指企业为了开展与消费者之间的全方位沟通，尽快销售自己的产品，实现整体营销目标而制定的具体的促销手段和促销活动。促销策略主要由广告策略、公共关系策略、销售推广策略和人员推广策略构成，具有吸引顾客、刺激消费、稳定销售、树立品牌等作用。

（一）房地产促销策略的实施步骤

房地产促销策略的实施步骤如下：

1. 确定促销对象

房地产促销策略的实施对象就是房地产开发企业及其产品相关的信息的传播对象。传播对象可以是本企业的已有客户，也可以是目前尚未购买本企业产品，但有可能购买产品的潜在客户，还包括那些会对产品购买决策过程产生影响的其他个人、团体或特定公众。

2. 选择促销目标

在确定促销对象以后，房地产开发企业应该确定促销目标。由于房地产产品金额巨大、涉及层面广泛，购房者购买产品的决策是一个相当复杂的过程，包含了多个阶段，因此，促销目标应当根据消费者在购买产品的不同阶段来选择不同的具体促销目标。

购房者从接收信息到最终购买过程大致可以分为：知晓—认识—喜爱—偏爱—确信—购买六个阶段。房地产开发企业，首先，要让大众知晓企业的产品，运用报纸杂志或电视等大众传播媒体进行宣传，制造声势，扩大产品影响范围；其次，制作一些精美的宣传手册、海报和传单等，激发消费者的好奇心和购买欲，吸引消费者主动向销售人员询问该产品，或者到售楼现场进行参观；再次，在提供品质优良的产品的基础上进行促销，促使顾客喜欢；从次，给潜在购房者展示产品独特的优势，当产品获得顾客喜爱后，让消费者确信自己的选择,产生购买的冲动;最后,请顾客到售楼现场,在布置充满亲切感的接待中心、精美的样板房里,配上经验丰富、熟悉消费者心理的销售代表进行合适的销售推广,采用一定的销售折扣或赠送礼品辅助,把消费者的购买冲动转化为最终的购买行为。

3. 设计促销信息

房地产开发企业针对促销对象和具体促销目标,设计和制作出能传递一定信息的宣传产品,让促销对象产生企业所期望的那种反应。制作促销信息宣传产品的要点在于以合理的成本引起消费者的注意、提起消费者的兴趣进而唤起消费者的购买欲望。

4. 安排促销预算

促销费用的多少是房地产开发企业所面临的困难决策之一,其目标当然是以较小的或者合理的投入获得最好的促销效果。可以借鉴以下四种方法:量入为出法,按企业实际承受能力安排促销费用;销售额比例法,按照企业以往或预计的销售额来安排促销费用;竞争对手法,按企业竞争对手的促销费用来安排自己的促销费用;促销目标法,按企业所需要达到的促销目标安排促销费用。每个方法各有利弊,企业应凭借经验、咨询专业机构做出合适的促销预算。

5. 决定促销组合

根据不同的促销对象、促销目标和促销信息,结合企业促销预算,就可以决定广告、公共关系、销售推广和人员推销四种促销策略的组合。一般来说,房地产开发企业要实现整体营销目标必须利用每一种促销策略,但是侧重点可以有所不同,同一种促销策略中的具体促销手段也要有所选择。

6. 协调促销过程

协调促销过程主要指根据促销效果对偏离促销目标的各种促销活动纠正协调的过程,贯穿于整个营销策划的实施中。

(二) 房地产广告促销策略

房地产广告是房地产促销策略中最为有效的一种手段,是联系房地产开发企业和潜在购房者的一条重要纽带。房地产广告策略是指由房地产企业出资,制作并通过不同媒介传播与房地产产品和服务相关联的信息产品,以达到营销目的的一种促销手段。开展房地产广告促销策略的作用在于:传递房地产信息,沟通供求双方;刺激市场需求,增加销售;介绍房地产行情,指导消费者购买;树立房地产企业信誉,建立品牌等。

房地产广告促销策略的要点主要有:

1. 房地产广告的基调把握

必须来自明晰的客户定位，还必须来自对产品特征的理解，有时候还需要考虑竞争产品的应对问题。房地产广告基调得以正确贯彻的关键是选择统一的匹配表达方式，需要一定的时间延续性。在突出所处地域特征的同时，企划人员的创意风格也非常关键。

2. 房地产广告语的撰写

通常广告语由两部分组成，分别是房地产企业、产品的有关介绍说明和广告宣传语。每个房地产项目都有自己的相对优势，突出宣传这些优势说服潜在购房者购买是房地产广告语创作构思的主要目的。房地产广告语的诉求大致有以下几点：产品性价比、区位卓越、交通方便、学区优秀、环境优美、配套设施齐全、公司信誉和优秀的物业管理等。

3. 撰写房地产广告语的原则

好的广告语可以刺激潜在购房者，达到引起注意（Attention）、引起兴趣（Interest）、创造欲望（Desire）、诱导行动（Action）的心理效果，即AIDA模式。这样才能把潜在购房者从当前等待的状态转变为实施购买的状态。要撰写成功的广告语，一般需要满足"5I"原则：新颖的创意（Idea）、直接的撞击（Immediate impact）、连续的兴趣（Interest）、消息资料（Information）、冲动的意念（Impulsion）。

4. 撰写房地产广告语的实践要求

一个优秀的房地产广告撰文员必须有观察感受与分析瞻望房地产市场变化发展的能力，从繁复的事件里理出焦点与创意，把物业优点彻底展现出来。撰写的主要步骤为：首先需要查看与观察现场；其次搜集有关资料、过滤资料，然后必须深入了解物业的优缺点，找出可能的销售卖点；最后需要把握潜在购房者的心理趋向与所处背景。

5. 房地产广告媒体的选择

广告媒体是房地产企业所采用的各种商业信息的载体。常用的房地产广告媒体大致有九类：报纸与杂志、广播、电视、户外广告、夹报、海报、说明书广告、接待中心、样品房等。实践中需要根据各种媒体的特征来选择合适的宣传方式。

6. 影响广告媒体选择的因素

广告的种类和形式繁多，又各有其优越性和局限性。要想得到预期的广告宣传效果，就必须进行正确的选择。广告媒体选择的目的在于以最低的广告费用取得最大的经济效益。正确地选择广告媒体，一般需要考虑以下七个要素：媒体的性质、广告商品的特性、消费者的习惯、广告目标的要求、市场竞争状况、国家法律规定和广告费用支出。对于同一广告主题，电视、报纸和杂志三种媒体各接触一次的效果要比仅从其中一种媒体中获得三次的效果更大；两种以上的广告媒体传播同一产品的广告信息，传播到同一个人时，其广告效果是相互补充的。因此，企业在实施广告时，可以使用多个广告媒体。

（三）房地产人员推销策略

下面介绍房地产人员推销策略的实施过程、激励机制和推销技巧。

1. 房地产人员推销策略的实施过程

（1）过滤潜在购房者

潜在顾客的出现可以有数种来源：一是顾客看到或听到企业在不同媒体上的广告，主要包括报纸、广播、电视或海报等；二是来自推销人员及企业其他相关人员的主动发掘，如请已购屋者介绍其亲朋好友来洽谈，附近街坊人士的穿针引线以及某些组织内的挖掘或直接拜访消费者等。推销员对于人数众多的顾客群应审慎过滤，按其能力、意愿、需求分成若干等级，从最有可能的顾客入手。

（2）事前计划

一名合格的推销员在约见顾客前必须进行详细计划。根据前阶段对顾客身份、地位和收入状况等背景资料的详细研究，事先推测此次推销顾客可能的反应及其他问题，想好应该采用的沟通态度和方式，以及对不同情况的应对之策，并决定接触的方式，选择电话联络、登门造访、信函通知或其他方式。

（3）接近

接近是推销员会见顾客、进入洽谈阶段的必经步骤。洽谈能否成功，必须先看接近是否顺利。接近的关键是形成良好的第一印象，因此，销售人员的仪表风范及开场白须慎重而得体，积极而亲切，千万不能疏忽。

（4）推进介绍

该阶段的关键是找到合适的切入点。要将产品的特色与购房者的实际利益相结合，才能满足顾客的需要与期望。

（5）处理顾客异议

一般而言，顾客产生异议的原因可能是：提出自己的看法，澄清疑点；希望对产品及企业有更多更深入的了解；尚不想或无力购买，仅是推托之词等。在推销过程中，顾客常有不同的看法而对推销员做出否定或拒绝的表示，这种异议会立即使推销员陷入不利的处境。推销员必须适时巧妙地化解顾客的抗拒，否则将无法达到推销的目的。

（6）成交

这一阶段是推销的最后阶段，也是最关键的阶段。成交的过程也是一个谈判的过程，因此，提高推销人员的谈判能力在该阶段显得至关重要。谈判的内容通常是价格和条件，推销员应注意技巧，不能操之过急，误断或疏忽顾客心理。推销员还必须密切注意顾客的成交信号，包括身体动作、言辞、意见等，同时保持坦率诚恳的态度以及从容和悦的表情，使顾客能产生共鸣，觉得签订单确实恰如其时。

2. 房地产人员推销的激励机制

企业的报酬制度不仅能直接激励推销人员，而且能吸引其他企业的卓越推销人员。制定报酬制度应注意以下七个原则：底薪与奖金的分配；简明扼要，易于执行；弹性大，能配合商业变动；管理方便，符合经济原则；公平合理，有激励作用；在同业间有竞争力；适时修正，掌握潮流。

报酬的付给方式一般有三种：

（1）固定薪金制，即有底薪保障，起码能维持最低所得，推销人员生活最有保障，人员流动率最低，与顾客的关系较能保持常态。但最大缺点是不具奖励性。

（2）佣金制，即无底薪保障，其收入完全由业绩而定，业绩高者薪资高，业绩低者薪资低甚至没有薪资。奖励大，刺激性强，"危机意识"强。但无底薪，公司在管理上较为不易，较难掌握人员流动。有些推销员为了达到成绩，甚至不择手段，严重影响公司的信誉。

（3）混合制，即将固定薪金制与佣金制混合运用，能够取两者之优点而消除其缺点。

3. 房地产人员推销技巧

（1）电话接听

开头时热情、有礼，用心听顾客的询问，语调要亲切。中间要耐心解释，主动介绍。多数顾客不是房地产行家，他们该从何处问起，问些什么并不是很清楚。作为一个有经验的推销人员应引导顾客询问问题、循序渐进。在电话结束时应尽可能约好看房时间，如果顾客还没看房的意思，推销人员应该请顾客留下电话号码，以便经常给顾客提供房产信息，找到合适的机会再约顾客看房。

（2）了解顾客置业的目的

顾客置业的目的有使用、保值或增值。推销人员在向顾客推销房子时，只有明确顾客的置业目的，才能做到有的放矢。

(3) 赞美顾客

人是有感情的,喜欢听赞美的话是人的本性。赞美得自然、得体会消除彼此的陌生感,但矫揉造作或言过其实,则会让顾客感到别扭、反感。赞美最好在与顾客闲聊中不知不觉让对方感受到。

(4) 语言合适

针对不同类型的顾客分别用不同的合适语言。

(5) 态度始终如一

对顾客应做到买与不买一个样,买前买后一个样。推销人员做到这一点并不难,而且这是最起码的一种态度。

(6) 不要随意贬低他人楼盘

随意贬低他人楼盘在房地产推销中很难取信于顾客。相反,推销人员掌握较多的房源资料,用比较手法来强调自己的楼盘特点,顾客可能更容易接受。

第四节 房地产交易管理

一、房屋销售与租赁

(一) 房屋销售

房屋销售是指房地产开发企业将商品房出售给买受人、并由买受人支付房价款的行为和过程。其中,房地产开发企业将竣工验收合格的商品房出售给买受人,称为房屋现售;房地产开发企业将正在建设中的商品房预先出售给买受人,称为房屋预售。

1. 房屋销售的条件

房屋现售应当具备以下条件:一是现售商品房的房地产开发企业应当具有企业法人营业执照和房地产开发企业资质证书;二是取得土地使用权证书或者使用土地的批准文件;三是持有建设工程规划许可证和施工许可证;四是已通过竣工验收;五是拆迁安置已经落实;六是供水、供电、供热、燃气、通信等配套基础设施具备交付使用条件,其他配套基础设施和公共设施具备交付使用条件或者已确定施工进度和交付日期;七是物业管理方案已经落实。房屋预售应当具备以下条件:一是已取得土地使用权证、建设用地许可证、建设规划许可证和施工许可证;二是投入的开发建设资金已达到规定的数额且已确定竣工交付日期；三是已办理预售登记并取房屋预售许可证。

2. 房屋销售的程序

（1）签订合同

房屋买方通过调查了解、确定预购对象后，与卖方（房地产开发企业）通过洽谈初步达成协议，并签订书面的房屋买卖合同。房屋买卖合同是房屋交易双方建立买卖关系的协定和履行权利义务的依据。房屋买卖合同应在房地产管理机构进行登记。

（2）付款成交

房屋买卖双方在签订买卖合同后，买方按合同规定的日期和方式支付价款，卖方在规定的日期将所售房屋移交给买方。

（3）产权过户

房屋买卖双方按合同规定的条件和日期，到房地产管理机构缴纳有关的税费，办理房屋产权过户，领取产权证书。

3. 房屋销售的合同

房地产开发企业可以自行销售商品房，受托中介服务机构销售商品房时，应当如实介绍所代理销售商品房的有关情况。

商品房销售可以按套计价，也可以按套内建筑面积或建筑面积计价。房地产开发企业应当按照批准的规划、设计建设商品房。房地产开发企业应当按照合同约定，将符合交付使用条件的商品房按期交付；未能按期交付的，房地产开发企业应当承担违约责任。因不可抗力或者当事人在合同中约定的其他原因，需延期交付的，房地产开发企业应当及时告知买受人。房地产开发企业应提供《住宅质量保证书》《住宅使用说明书》，并对所售商品房承担质量保修责任。保修期从交付之日起计算。

（二）房屋租赁

房地产开发企业开发的房屋，除了销售外，还可以出租。房屋租赁是指出租者将其房屋出租给承租人使用并由承租人向出租人支付一定的租金的行为。房屋租赁应出具有关的权属证书，签订书面的租赁合同，并按规定向房地产管理机构办理登记备案。

房屋租赁合同是由租赁双方协商签订的明确双方权利义务关系的书面协定，其内容应包括：

（1）租赁双方的姓名、名称、国籍、身份等。

（2）出租房屋的基本情况，包括房屋坐落的具体地址、门牌号码、楼层、结构、类型、用途、面积、装修及附属设施等。

（3）租赁期限。应明确房屋租赁的起止日期，并写明如需续租，承租人应提前一定时间提出要求，出租人同意后重新签订租赁合同。

（4）租金及支付方式和期限。应明确规定租金的计租标准和定期交付的租金额，应约定租金的支付方式是按月交租、按季交租还是按年交租，并具体规定交付期限。

（5）保证金等。房屋租赁双方可约定是否要交纳保证金及其数额和偿还条件等，明确水电等费用的承担者及支付方式和时间等。

（6）双方的权利和义务。出租人的权利主要是：按期收取租金，依法收回房屋，监督房屋的使用等；出租人的义务主要是：保障承租人对房屋的合法使用，按合同规定对房屋进行正常维修等。承租人的权利主要是：对承租房屋享有占有使用权，有优先续租权和优先购买权等；承租人的义务主要是：按期交纳租金，按规定合理使用房屋及设备等。

（7）违约责任。

（8）其他事宜。

二、房地产抵押

（一）房地产抵押的意义

房地产抵押，是指债务人或者第三人以不转移占有的方式向债权人提供土地使用权、房屋和房屋期权（以下统称房地产）作为债权担保的行为；在债务人不履行债务时，债权人有权依法处分该抵押物并从处分所得的价款中优先得到偿还。

房地产抵押应当遵循平等、自愿、公平和诚实信用原则。

依法设定的房地产抵押权受法律保护。

（二）房地产抵押权的设定

1. 可以抵押的房地产

下列房地产可以抵押：

（1）依法获得的尚未建有房屋及其他地上定着物的出让土地使用权。

（2）依法获得所有权的房屋及其占用范围内的土地使用权。

（3）依法获得的房屋期权。

（4）依法可以抵押的其他房地产。

2. 不得抵押的房地产

同一房地产设定两个以上抵押权的，抵押人应当将已经设定过的抵押情况告知抵押权人。抵押人所担保的债权不得超出其抵押物的价值。

房地产抵押后，该抵押房地产的价值大于所担保债权的余额部分，可以再次抵押，但不得超出余额部分。

以两宗以上房地产设定同一抵押权的，视为同一抵押房地产。但抵押当事人另有约定的除外。

以在建工程已完工部分抵押的，其土地使用权随之抵押。

有经营期限的企业以其所有的房地产抵押的，其设定的抵押期限不应当超过该企业的经营期限。

以具有土地使用年限的房地产抵押的，其抵押期限不得超过土地使用权出让合同规定的使用年限减去已经使用年限后的剩余年限。

以共有的房地产抵押的，抵押人应当事先征得其他共有人的书面同意。

预购商品房贷款抵押的，商品房开发项目必须符合房地产转让条件并取得商品房预售许可证。

以已出租的房地产抵押的，抵押人应当将租赁情况告知抵押权人，并将抵押情况告知承租人。原租赁合同继续有效。

三、房地产抵押登记

房地产抵押合同签订后，抵押当事人应当到房地产所在地的房地产管理部门办理房地产抵押登记。房地产抵押合同自抵押登记之日起生效。

办理房地产抵押登记，应当向登记机关交验下列文件：

（1）抵押当事人的身份证明或法人资格证明。

（2）抵押登记申请书。

（3）抵押合同。

（4）《国有土地使用权证》《房屋所有权证》或《房地产权证》，共有的房屋还必须提交《房屋共有权证》和其他共有人同意抵押的证明。

（5）可以证明抵押人有权设定抵押权的文件与证明材料。

（6）可以证明抵押房地产价值的资料。

（7）登记机关认为必要的其他文件。

四、房地产抵押合同的变更、解除与终止

(一) 房地产抵押合同的变更

抵押人和抵押权人协商一致,可以变更抵押合同。变更抵押合同,应当签订书面的抵押变更合同。一宗抵押物上存在两个以上抵押权的,需要变更抵押合同的抵押权人,必须征得所有后续位抵押权人的同意。

(二) 房地产抵押合同的解除

抵押人和抵押权人协商一致,可以解除抵押合同。解除抵押合同,应当签订书面的抵押解除合同。

(三) 房地产抵押合同的终止

有下列情形之一的,抵押合同终止:
(1) 抵押所担保的债务已经履行。
(2) 抵押合同被解除。
(3) 债权人免除债务。
(4) 法律规定终止或者当事人约定终止的其他情形。

五、房地产抵押物的占管

已作抵押的房地产,由抵押人占用与管理。抵押人在抵押房地产占用与管理期间,应当维护抵押房地产的安全与完好。抵押权人有权按照抵押合同的规定监督、检查抵押房地产的管理情况。抵押当事人约定对抵押房地产保险的,由抵押人为抵押的房地产投保,保险费由抵押人负担。抵押房地产投保的,抵押人应当将保险单移送抵押权人保管。在抵押期间,抵押权人为保险赔偿的第一受益人。

经抵押权人同意,抵押房地产可以转让或者出租。抵押房地产转让或者出租所得价款,应当向抵押权人提前清偿所担保的债权。超过债权数额的部分,归抵押人所有,不足部分由债务人清偿。

抵押人占用与管理的房地产发生损毁、灭失的,抵押人应当及时将情况告知抵押权人,并应当采取措施防止损失的扩大。抵押的房地产因抵押人的行为造成损失使抵押房地产价值不足以作为履行债务的担保时,抵押权人有权要求抵押人重新提供或者增加担保以

弥补不足，或者直接向保险公司行使求偿权。抵押人对抵押房地产价值减少无过错的，抵押权人只能在抵押人因损害而得到的赔偿的范围内要求提供担保。抵押房地产价值未减少的部分，仍作为债务的担保。

第三章　房地产营销模式与活动策划

第一节　房地产营销模式

一、房地产营销策略

中国的房地产市场从总体趋势上看，已经进入以需求为导向的发展阶段，房价逐步向成本价和微利价靠近，市场化程度逐步加深。在市场营销方面，无论是业内人士还是消费者都逐渐成熟，一个概念、一个点子已经难以打动人心。消费者开始注意产品的本身。购房者的经验越来越多，日趋理性；违规项目纠纷的问题及房价的问题使部分消费者更加谨慎。因此，房地产营销的产品策略、价格策略、营销渠道策略和促销策略都必须根据市场的情况进行合理的创新。

（一）房地产营销产品策略

房地产营销产品策略是房地产营销首要因素，房地产企业必须营销市场所需要的产品才能生存。房地产市场营销组合中房地产产品是最重要的内容。

1. 房地产品牌营销

在日益激烈的市场竞争中，品牌才是赢取持久竞争优势最强大、最持久的利器。产品是品牌的基础，形象设计是塑造品牌的首要工作，只有鲜明的个性形象才能体现相应的身份地位，才能激起目标消费者的美好联想和购买冲动，才能让消费者不断重复消费。

随着市场经济发育日渐成熟，商品的品牌形象已经成为消费者认知的第一要素，房地产企业只有在房地产产品质量、服务、功能等诸多方面下功夫，对产品进行全方位的品质提升，才能真正在消费者心目中树立一个良好的品牌，从而建立起消费者的品牌忠诚度，为后续产品的开发销售提供条件。

2. 房地产产品的特色营销

买房可谓一个家庭的长远之计，一百个家庭有一百个选房原则。开发商只有采取人无我有、人有我优、人优我奇的个性设计，才能赢得尽可能多的消费者。

（二）房地产营销价格策略

房地产的买卖、租赁、抵押、出让、转让等营销活动，都是商品经济活动，必须按照市场规律、经济原则实行等价交换。掌握房地产产品的定价方法，灵活运用各种定价的策略是开展房地产市场营销活动的主要手段之一。

1. 房地产定价方法

房地产定价方法如下：

（1）市场比较法

将勘估房地产与相应市场上类似房地产的交易案例直接比较，对形成的差异做适当调整或修正，以求取勘估房地产的公平市场价。

（2）成本法

以开发或建造估计对象房地产或类似房地产需要的各项必需费用之和为基础，再加上正常的利润和应纳税金得出估价对象房地产的价格。

（3）收益法

将预期的估价对象房地产未来各期（通常为年）的正常纯收益折算到估价时点上的现值，求其之和得出估价对象房地产的价格。

（4）剩余法

将估价房地产的预期开发后的价值，扣除其预期的正常开发费用、销售费用、销售税金及开发利润，根据剩余之数来确定估价对象房地产的价格。

2. 定价比例

一般来说，先设定一个标准层，高层一般定在1/2高度，多层一般3~4层（9层以下）为最好。然后确定一个楼层系数，标准层以上一般每层加价比例为0.8%，标准层以下每层下调0.5%。在高层建筑中，7层以下因其视野受限，一般应为低价区，顶层与低层的价格一般相差约30%。

3. 价格调整策略

房地产价格调整策略可以分为直接的价格调整、优惠折扣两方面内容。

(1) 直接的价格调整

直接的价格调整就是房屋价格的直接上升或下降，直接的价格调整主要有两种形式：

①基价调整

基价调整就是对一栋楼的计算价格进行上调或下降。

②差价系数的调整

差价系数的调整就要求根据实际销售的具体情况，对原先所设定差价体系进行修正，将好卖单元的差价系数再调高一点，不好卖单元的差价系数再调低一点，以均匀各种类型单元的销售比例，反映出市场对不同产品需求的强弱。差价系数调整是开发商经常应用的主要调价手段之一。有时候一个楼盘的价格差价系数可以在一个月内调整近十几次，以适应销售情况的不断变化。

(2) 优惠折扣

优惠折扣是指在限定的时间范围内，配合整体促销活动计划，通过赠送、折让等方式对客户的购买行为进行直接刺激的一种方法。譬如一个星期内的现实折扣；买房送空调、送冰箱，或者送书房、送储藏室，购房抽奖活动，等等。优惠折扣要做得好，首先要让客户确实感受到是在让利，而不是一种花哨的促销噱头。同时，优惠折扣所让的利应该切合客户的实际需要，是他们所能希望的方式，只有这样才便于促进销售。再者，不要与其他竞争者的优惠折扣相类似，优惠折扣在形式上的缤纷多彩为开发商标新立异提供了可能。

(三) 房地产营销促销策略

房地产促销策略是指房地产开发商为了推动房地产租售而面向消费者或用户传递房地产产品信息的一系列宣传、说服活动。通过这些活动帮助消费者认识房地产产品的特点与功能，激发其消费欲望，促进其购买行为，以达到扩大销售的目的。房地产营销促销策略主要可以分为广告促销、人员促销、公共关系促销、营业推广。

1. 广告促销

广告是向人们介绍商品信息，输送某种观念的一种公开的宣传形式。房地产广告的突出特点是广告期短、频率高、费用大。

房地产广告的诉求重点有：地段优势、产品优势、价格优势、交通便捷优势、学区优势、社区生活质量、开发公司的社会声誉等。

根据楼盘不同的类型、租售范围以及广告费用，开发商应当选择适当的广告类型和广告策略，从而达到最大的宣传效果。

2. 营业推广

营业推广是为了在一个较大的目标市场上，刺激需求，扩大销售，而采取的鼓励购买的各种措施。多用于一定时期、一定任务的短期的特别推销。营业推广刺激需求的效果十分明显且费用较少。

开发商可以通过开展大规模的住房知识普及活动，向广大消费者介绍房屋建筑选择标准、住宅装修知识、住房贷款方法和程序以及商品房购置手续和政府相关税费，在增加消费者房地产知识的同时，也可以增加消费者对开发商的认同感。另外开发商还可以举行开盘或认购仪式、项目研讨会、新闻发布会、寻找明星代言人、举办文化与休闲活动、业主联谊会等，这些活动可以极大地提高房地产企业的知名度，从而使企业的销售业绩不断上升。在重庆等地每年都要举办的房地产交易会也是开发商展示自身实力的舞台，据统计，每次房交会上，各房地产开发商都会有一个不凡的成交量。

3. 人员促销

房地产人员促销是指房地产促销人员根据掌握到的客户信息，向目标市场消费者介绍开发商及其房地产的情况，促成买卖成交的活动。人员促销的优点在于：目标客户明确，促销力量集中，成交率高；与客户面谈，有利于联络与密切同客户的感情，有利于信息反馈，有利于了解同行业的开发建设和营销动向。

4. 公共关系促销

房地产公共关系促销活动包括：争取对房地产开发商有利的宣传报道，协助房地产开发商与有关各界公众建立和保持良好的关系，建立和保持良好的企业形象以及消除和处理对房地产开发企业不利的谣言、传闻和事件。公共关系的内容可以是：制造噱头和危机公关、建立与各方面的良好关系等。

二、房地产销售阶段策划

销售阶段主要是帮助发展商制订销售计划，协助展开促销工作，做好销售现场管理顾问，帮助发展商实现预定销售时间计划和收入计划。公开发售之后到项目结束之前的策划工作称之为销售阶段策划。

（一）销售阶段策划的目标

销售阶段策划的目标是持续改善和提升销售业绩，实现100%的完美销售。

（二）销售阶段策划要点

房地产销售阶段策划的过程主要包括前期的策划、中期的战术分步实施和后期的营销控制等方面。

1. 前期策划——打造楼盘的核心竞争力，推广楼盘形象

在房地产营销的前期策划中，要达到很好地推广楼盘形象的目的，打造楼盘核心竞争力是关键，为此，应从三方面把握：

（1）对楼盘的属性定位

楼盘属性的定位贯穿于楼盘形象进行推广的整个过程，是这一过程的核心部分。它包括对楼盘的规划设计和人居环境两方面的定位，在规划设计定位方面突出楼盘的整体概念；在人居环境定位方面要体现出楼盘所处的地段的优越性、交通的便利、楼盘所构成的生活区的成熟等。

（2）市场调查，把握方向

此环节在房地产营销的核心竞争力的打造过程中是很有必要的。在此过程中全方位地搜索同一城市里同一时期内各楼盘的开发情况，根据各楼盘的不同开发概念、地段、区域、价位等确立竞争对手，建立起对竞争对手的跟踪调查档案系统，掌握竞争对手的销售手法和销售状况等，分析调查报告，树立起新的楼盘性价比和高于对手的楼盘价值系统，在原定的营销战术的基础上进行不断的完善及最终确立营销战术方案。

（3）楼盘的主题确立及形象推广

完成了楼盘的属性定位和市场调查分析，把握了营销方向后，营销随即进入了楼盘的主题确立及推广的阶段。楼盘的价值基础和特征的持久力表现在它的名称上，而与名称联系最为紧密的是楼盘的标志和图案系统，它们在很大的程度上直接影响到楼盘的形象推广。在楼盘的形象推广方面，重点是指导或配合专业的广告公司理清思路，结合楼盘的属性定位，突出优势，树立起楼盘的最优形象，造成轰动的效应期。在开盘前较长时期的密集性、广泛性和渗透性的宣传之下，楼盘的传播将影响到潜在的目标客户。

2. 中期的战术分步实施

初期的策划酝酿了较为成熟的营销战术，开盘期间营销将会进入高涨时期，战术将会得到全面的实施，在此点上，战术分布于三方面：

（1）关注营销的"体验场"

体验是人们以个性化的方式参与到其中的事件，它可以使客户意识中产生美好的感

觉。营造体验场应从空间场的设计到生活小区的环境打造再到居室内部的装修都要给客户带来色、声、香、触、法这五觉的冲击，使客户体验到楼盘的价值所在。"生活场"的设计要有创意，在房地产营销上有过"试住购房"的营销手法，这是"生活场"的最初雏形，"生活场"的制造不能仅仅局限于试住，而应从多方面去开发，激励客户融入对居室的关怀中去，感受自己布局的居家生活的舒适和惬意，从而产生一种对生活的成就感。体验场中，在卖场营造好的效果将会使客户感受到楼盘聚集的人气和一种抢购的氛围，它将引发惊人的效果并引导客户购买的冲动。

（2）把服务落实到客户中去

开盘前期和开盘之后积累的目标客户将集中约定在开盘期间消化。在消化的过程中，为客户提供真诚的服务将会产生良好的消化效果，建立起客户档案系统，根据客户不同的职业类型、收入状况、家庭情况向他们提供一系列的服务，包括：购房户型、付款方式、装修建议的咨询及代办贷款等服务。让客户能感受到购房放心、称心、舒心，从而达到消化目标客户的目的。

（3）实惠永远是购房的第一动力

在房地产的营销中，实惠永远是第一主题，它也是刺激消费者购房的第一动力。

3. 后期的营销控制

房地产营销的后期控制主要是对楼盘价位的控制和形象整合的控制。经历了中期的热销，楼盘相对于潜在目标客户而言将步入紧缩阶段。在理性分析当前楼市销售状况的前提下，第三轮营销攻势将是为实现楼盘开发的终极目标而努力，楼盘开发的终极目标表现为使置业主的投资得到最大的回报和生活环境的最优化。无疑，重估楼盘价值，进一步炒作楼盘形象将对楼盘的升值起着非常重要的作用，而升值最终体现在楼盘的价位的提高。在楼盘的紧缩阶段，楼盘的销售呈现出供不应求的局面，价位的提高一方面可以缓解供求关系的平衡，另一方面使楼盘得到升值，同时也提升了发展商的品牌价值系统，增加了发展商的品牌崇信度，使楼市潜在客户的置业有了可以依靠的品牌楼盘。

楼盘销售告罄后要注意对楼盘品牌的维护。此时的对品牌维护应上升到加强发展品牌崇信度的高度，以构建健康生活，强化楼盘价值系统建设为指导思想，适时适度地回报置业户主，使置业者思想和心灵产生强大的震撼，从而达到以置业者为媒介向楼市潜在客户宣传品牌的目的，创造出抓住一点宣传一面的效果。

三、房地产销售模式认知

销售模式指的是把商品通过某种方式或手段，送达消费者的方式，完成"制造—流转

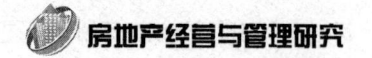

—消费者—售后跟进"这样一个完整的环节。

（一）销售模式的类型

中国房地产行业中，房地产销售模式可以分为传统销售模式与新型销售模式两大块，传统销售企业包括直接推销、委托代理推销，而新型销售模式包括品牌营销、大客户营销、展会营销等，而近几年兴起的互联网下的电子商务模式更是被地产企业广泛采用。

（二）传统销售模式

1. 企业直接推销

企业直接推销是指房地产开发企业通过自己的营销人员直接推销其房地产产品的行为，也称为直销或自销。直接推销的优势在于它可以帮助房地产开发企业节省一笔数量可观的委托代理推销的费用，但推销经验的不足和推销网络的缺乏也是这种销售渠道的致命缺陷。由于中国房地产市场正处于起步阶段，房地产市场的运行机制尚不健全，必需的人才与管理经验还有待于积累发掘，所以，现今它还是中国房地产销售的主要渠道。在房地产市场发展的将来，它依然会占据重要位置。

2. 委托代理推销

委托代理推销是指房地产开发企业委托房地产代理推销商来推销其房地产产品的行为。所谓房地产代理推销商，是指接受房地产开发企业的委托，寻找消费者，介绍房地产，提供咨询，促成房地产成交的中间商。委托代理商可以分为企业代理商和个人代理商，前者是指由多人组成的具备法人资格的代理机构，后者是指中介代理的个人，即经纪人。

（三）网络营销

网络营销是信息时代和电子商务的发展的产物，它也运用到了房地产市场营销上，它们为房地产企业和消费者提供了全新的信息沟通渠道；同时，许多房地产商也利用 Internet 网络资源，进行网络营销。通过互联网双向式交流，可以打破地域限制，进行远程信息传播，面广量大，其营销内容翔实生动、图文并茂，可以全方位地展示房地产品的外形和内部结构，同时，还可以进行室内装饰和家具布置的模拟，为潜在购房者提供了诸多方便。随着电子商务的进一步发展，网络营销将成为房地产市场上一种具有相当潜力和发展空间的营销策略。

1. 电商营销

房地产电商营销是指以网络为基础进行的房产商务活动，包括商品和服务的提供者、广告商、消费者、中介商等有关各方行为的总和。购房者可以直接从平台上快捷获取房产信息，方便进行商品对比，电商价格也确实比案场价格优惠很多，因而购房者们大力支持；开发商方面，电子商务平台线上线下资源互补，客户资源大幅增加，去库存能力增强；而网媒方面，一是能够扩充受众群体，增加流量；二是直接获取佣金的方式避免了单一广告收入带来的风险，提升了企业的竞争力。

2. 微营销

微营销是地产开发商以微型营销战略为指导，在企业营销策划、品牌策划、运营策划、销售方法与策略上，注重每一个细节的实现。通过传统方式与互联网思维相结合，实现楼盘营销新突破。微博、微信、微信公众平台、微网站、APP等都是实现微营销的工具和途径。

3. 房产众筹

众筹指的是在互联网上面向大众筹集资金，以帮助筹款人完成某个有特定意义的项目。我国迅速吸收引进，使得房地产众筹成为互联网金融领域一颗闪亮的新星。

4. 地产 O2O 模式

地产 O2O 模式是互联网营销 Online 和 Offline 的简称，是互联网线上推广和线上收纳意向客户，意向客户又通过线下现场看楼，线下成交的销售方式。

四、房地产销售代理

（一）销售代理认知

销售代理是在签订合同的基础上，为委托人销售某些特定产品或全部产品的代理商，对价格、条款及其他交易条件可全权处理。

（二）销售代理模式

根据房地产企业与代理公司的合作方式，具体如下。

1. 风险代理模式

此模式采取由代理公司与房地产企业签订合作项目的整盘销售代理合同，双方需要商定的有关细节如下：

(1) 合作项目的整盘销售底价。

(2) 代理佣金标准。

(3) 结算方法。

(4) 销售合作细则。

(5) 销售周期等。

同时，房地产企业与代理公司通过具体的风险担保措施来保证合同的履行，代理公司配备项目销售专案组进行合作项目全案策划、推广与销售执行工作。

风险代理最大的特点在于代理公司在销售合同的基础上，执行项目销售代理，其在获得代理利润的同时也承担了整个项目销售的市场风险以及销售风险。同时全盘的广告费、推广费用、现场销售道具、办公设备以及人员工资、奖金等相关管理费用全部由代理公司负担，但代理公司可以在风险担保的前提下实现完全的价格增值利润。

2. 普通代理模式

采取由代理公司与项目房地产企业签订合作项目整盘销售代理合同，在合同中签订合作项目整盘销售底价、代理佣金标准及结算方法，并明确销售周期、销售费用分摊等合同细则。代理公司与房地产企业约定具体的权利义务，以及约定风险责任与保证措施后，代理公司配备项目销售专案组进行合作项目全程策划、推广与销售执行工作。

普通代理模式最大的特点在于房地产企业需要承担较风险代理更多的市场风险和销售风险，同时需要承担项目全盘的广告费用、推广费用、现场销售道具、办公设备等销售费用。

合作双方则是按照合同协议约定分享在合同销售底价基础上实现的价格增值利润。普通代理模式，房地产企业负担了相对高的销售费用，但是也存在可以分享的价格增值的可能性。代理公司相对来说，销售投入成本较低，但同时减少相对价格增值利润。在项目操作运作上双方协商互通协调的投入会更多，对于双方合作也是一种较普遍的模式。

3. 合作代理模式

合作代理模式就是指代理商与房地产企业形成一种真正意义上的伙伴关系，风险共担，利益共享。

凡是有关楼盘的销售费用，包括售楼书和画册等销售、资料（道具）、样板房装修、售楼部建设和装修、公关宣传、媒体广告等，一切与销售有关的费用均由房地产企业与代理商共同支出，然后在销售价格和利润方面商定一个双方均能接受的分配比例。

合作代理模式比较复杂，主要是费用的分摊与利益的分配方面，房地产企业与代理商很难达成共识,因而较少采用。

4. 包销代理模式

包销代理模式是指代理商先投入资金,然后和房地产企业讲定一个价位包销,超过部分按比例分成或者完全归代理商所有。这种手法最早是台资代理商率先提出,后来被内地企业大量采用,俨然成为代理业界竞争最有力的手段。包销模式是房地产企业面对其不可预计的房地产市场走向的时候,所做出的一种资金风险转嫁。这就要求承接此类业务的代理企业有一定的资金实力。如果没有一定的技术、人力等专业的资源,将无法承受投入资金所带来的压力。

五、与代理商合作要点

(一) 利用好代理商

利用好代理商要遵循以下几点:
(1) 正确利用代理公司的资源:社会资源、客户资源、销售人员资源以及市场经验。
(2) 引导代理商与发展商同舟共济,包括适当地给代理商施加压力。
(3) 利用代理公司科学组合资源。正确利用代理公司熟悉的炒家资源、客户资源、广告公司、施工队伍、设计公司、装修公司、礼仪公司和其他社会关系。

(二) 与代理公司合作的注意事项

房地产企业与代理公司合作的注意事项,具体如下:

1. 细酌与代理公司的合作方式

房地产企业以"策划销售"的方式与代理公司合作,由房地产企业提供广告费,代理公司根据项目特点,将项目进行定位,从前期的案前准备、广告策划以及现场销售等进行一系列的整体运作。

以"策划销售"的方式与代理公司合作,房地产企业可以直接、有效地控制广告推广费用,避免代理公司虚报广告推广成本从中牟取利益,减少房地产企业不必要的广告开支。

2. 细酌与代理公司的合作期限

合作期限一定要在合同中明确,并且要对房地产企业有利,与代理公司初次合作最好不要将代理期限签得太长。合作期限也不是一成不变的,应根据市场情况,制定代理公司的销售任务。如在一定时间内完不成任务，代理合同将自动解除。这样可以给代理公司制造一定压力，让其尽自己最大能力去销售房屋。

3. 严格控制销售价格

销售基价（代理销售项目的底价）由房地产企业制定并提交代理公司执行，销售基价表应作为销售代理合同的附件出现在合同中。代理公司可依据市场情况在征得房地产企业书面同意的情况下有权灵活浮动。代理公司应该严格执行房地产企业制定的销售基价，在没有房地产企业书面授权的情况下，不得擅自给客户任何形式的折扣。如遇特殊情况，代理公司应及时告知房地产企业，作个案处理。

房地产企业应严格控制代理公司的销售价格，防止代理公司将价格制定得过低，将房屋低价销售以迅速获取佣金提成，从而降低了开发企业的销售利润。

4. 防止费用承担问题纠缠不清

在销售代理合同中应该明确双方应该承担的各项费用，以防止后期在费用承担问题上产生不必要的纠纷。

5. 从代理佣金中扣除代理保证金

代理公司的主要利润来源是销售代理的佣金，前期策划一般是不计算费用的。但为了使代理公司在前期将项目启动，房地产企业会预先支付一部分费用，因此，在销售代理佣金结算时应该将前期策划所发生的费用一并扣除。

此外，代理公司要取得房地产企业的代理权，必须支付不低于10万元人民币的代理保证金。此保证金的支付方式比较灵活，代理公司可一次性支付，也可以从销售代理佣金中扣留，将来项目销售结束，此保证金如数退还。

6. 明确房地产企业与代理公司的权利、义务与责任

房地产企业在与代理公司签订销售代理合同时，其中条款必须显示房地产企业与代理公司的权利、责任与义务，做到权、责分明。如若后期代理公司工作不力，可依据此等条款随时将合同终止，更换代理公司，从而维护房地产企业的权益。

7. 明确代理公司的销售任务

房地产企业委托代理公司销售房屋，就是要借助具有专业知识的外脑以高利润、快速度回笼资金，因此，一定要给代理公司制定销售任务并在销售代理合同中体现。代理商不能按期完成销售任务的，房地产企业有权责问代理公司并可随时终止销售代理合同。

六、房地产广告营销

(一) 房地产广告基础知识

1. 房地产广告的定义

广告是指通过购买某种宣传媒体的空间或时间,来向公众或特定市场中的潜在顾客进行推销或宣传的一种活动。对房地产企业来说,广告营销是指通过广告对其产品进行宣传推广,进而促成消费者的直接购买,并提高房地产企业的知名度、美誉度和影响力的活动。随着市场经济的迅速发展,广告营销活动在房地产企业营销战略中发挥着越来越重要的作用,并已经成为房地产企业营销组合中的一个重要组成部分。

2. 房地产广告的种类

(1) 报纸广告

报纸广告是房地产广告广泛运用的大众传媒广告媒体。

(2) 杂志广告

杂志广告一般是房地产广告针对特定的顾客群体而选用的媒体,例如,高档楼盘往往选用航空杂志,其读者飞机乘客可能是高档楼盘潜在的顾客。

(3) 楼书

楼书又称售楼书或房地产样本。它指多页装订的整体反映楼盘情况的广告画册。

(4) 单页(折页)

房地产广告单页也就是单张印刷品,一般为双面彩色。幅面尺寸在 8 开以内一般称为 DM,大于 8 开一般称为海报。

(5) 展板

房地产广告展板主要用于悬挂在售楼处或房产展销会展台。

(6) 灯箱广告

房地产广告灯箱分室内或户外两种,室内主要安装在售楼处以及地铁站、飞机场候机楼等,室外主要安装在人流量大的街道。

(7) 看板

房地产广告看板分工地现场看板和户外广告路牌。工地现场看板主要以楼盘工地围墙墙面作为广告画面载体,工地围墙墙面可以是砖墙,也可以用木板等材料制作。户外广告路牌主要选择人流量、车流量大的地点,形式有中型到超大型的广告牌。

（8）条幅彩旗

房地产广告条幅既可以是横跨马路的横幅，也可以是悬挂在楼盘脚手架或现房建筑物墙壁上的横幅或直幅。

（9）手提袋

房地产广告手提袋主要是赠送前来售楼处或房地产展览会的公众，方便他们携带售楼资料。

（10）车身广告

房地产车身广告包括车身内外的广告，车辆类型主要是出租车和公交车辆。

（11）电视广告

房地产电视广告以声画结合的形式来表现楼盘，从而达到售楼的目的。广义的房地产电视广告包括在电视台播放和在销售现场电视机中播放两种。

（12）互联网广告

互联网广告就是通过网络广告平台在网络上投放广告。利用网站上的广告横幅、文本链接、多媒体的方法，在互联网刊登或发布广告，通过网络传递到互联网用户的一种高科技广告运作方式。

（13）POP 广告

POP 是 POIT OF PROMOTIO 的简称，即售点广告。狭义的 POP 广告指购买场所和零售店内设置的专柜展销和专橱展销。广义的 POP 广告指购物场所内外具有广告效应所有设置的总称。POP 广告以促成现场成交为目的，故又称终点广告，而其他广告相应称为起点广告、中继广告。

3. 广告策划程序

房地产广告从其筹备到真正落实是一个非常复杂的过程，只有切实掌握好其中每一步的关键，才能最终得到理想的结果。

（1）识别广告受众

识别广告要吸引的购房对象，了解其地理分布、收入、对本房地产企业的态度及心理状况，有针对性地设计广告。

（2）确定广告目标

广告的目标可定为认知目标、感觉目标及行动目标。广告目标不同，广告的主题、正文及其他内容也各不相同。

（3）设计广告词和提纲

设计能打动、吸引人的广告词和广告提纲，突出自己的风格和特点。

（4）确定广告预算

可以根据房地产企业实际情况，运用相应的广告预算方法确定广告费用。

（5）选择合适的广告媒体和广告公司

在确定广告预算费用之后，就可以选择合适的广告媒体和广告公司进行合作。

（6）制作和审查广告稿

广告稿是指将广告的主题、基本内容转化成为具体的、适合于某种广告媒体的、具有创造性的广告，一般由广告机构的工作人员去完成。一个优秀的广告应该是由广告标题、副标题、正文、插图、音响效果、识别标志等这些内容所组成的一个协调的整体。

（7）核定广告效果

衡量广告效果的方法有交流效果调研法和销售效果调查法两种。

（8）广告执行和评估

经过一段时间的宣传后，可根据事先确定好的检查方法来评估广告的实际效果，为以后的广告决策提供依据。

4. 广告预算

广告预算是房地产企业对广告所需费用的计划和匡算，它规定了广告计划期内广告活动所需的费用总额、使用范围和使用方法。

按不同的标准，广告预算可以分为以下种类。

（1）按广告计划期长短，可分为长期广告预算和短期广告预算。

（2）按广告计划期限范围大小，可分为总广告预算和单一商品广告预算。

（3）按产品所处生命周期阶段，可以分为新产品广告预算和成熟产品广告预算。

（4）按不同广告媒体、不同发布地区，还可以划分多种不同种类的广告预算。在广告总预算的指导下，房地产企业可根据实际情况将广告费用分配到不同的产品、不同的地区和不同的媒体上。

5. 寻找广告公司

通常广告代理公司的选择会采取以下两种方式：

（1）广告招标

即向多家广告公司发标，征集广告策划书、平面和影视创意及报价。其优点在于创意结果直观，易于判断，并且收费情况清晰；缺点是周期长，使实质性策划工作的时间较为仓促，同时一些规模大、实力强的公司不愿参加招标。

（2）经验选择

根据广告公司以前的作品及业内的地位名声来初步选定一家，请其在一定时间内出策划草案，如小区的形象设计或者 SLOGAN（品牌口号、广告词）之类的，然后凭借其作品确定合作意向。其优点在于比广告招标周期短，广告公司有较多的时间展开实质性工作，深化创意，并且多数广告公司乐于接受；而缺点在于比选的依据不充分不直观，广告个案差异性大，存在一定风险。

（二）电台广告营销

1. 电台广告的特点

电台广告是一种线形传播，听众无法回头思考、查询，只有善于运用口语或者生动具体的广告词语来进行表述，表述语句最好不要过于烦琐，尽量少用重句，能够使听众一听就明白，这样才能产生绝佳的广告效果。电台广告主要具有以下几个特点：

（1）成本较低，效率较高，受众面广。一般可以通过热线点播、嘉宾对话、点歌台等形式来刺激听众参与，从而增强广告效果。

（2）传播手段受技术的限制，不具备资料性、可视性，表现手法单一。

2. 电台广告的优势

电台广告的广告量虽然在总体广告中所占比例不大，但由于电台媒体所具有的一些其他媒体不可比拟的特点，如边工作边收听、随时随地收听等，使其成为主流媒体广告的重要补充。

3. 电台广告的制作

现在，许多电台都设有与房地产行业相关的栏目，如新盘推荐之类的，有专门的记者负责楼盘推广活动策划等。电台广告一般都由专业的广告制作公司制作，房地产企业可以选择资质较好的公司进行合作。

（三）电视广告营销

在了解电视广告营销之前，首先需要了解电视广告的相关基础知识，以确定房地产企业是否适合利用这一媒体进行广告营销。

1. 电视广告的优点

（1）视听相结合

电视广告不但可以向媒体受众介绍广告产品的性能和特征，而且可以形象、直观地将广告产品的款式、色泽、包装等特点展现在媒体受众面前,从而最大限度地使受众产生购买欲望。

(2) 渗透力强,效果显著

电视广告对观众而言为非选择性收视,信息记忆的强制性很高,电视广告不受空间的限制,传播迅速,能接触到大面积的观众,在同一时间内可直接进入到每一个家庭。

(3) 吸引力大,感染力强

由于电视内容的丰富多彩和表现手法的多样化、艺术性,加之巧妙地把广告信息融入真挚的情节和感人的形象,所以,电视的广告信息比较容易记忆,印象深刻,具有较强的吸引力和艺术感染力。

(4) 注意率高,影响面广

在日常生活中大多数人在看电视的时候相对比较专心,所以,电视广告的被注意率较高。

2. 电视广告的缺点

(1) 制作技术复杂,广告成本费用高,在所有广告媒体当中,电视广告的绝对费用是最高的。

(2) 媒体受众的被动型。受众在看电视时,往往是在被动地接受信息,缺乏选择性,不像报纸、杂志那样有较大的选择性。

(3) 传播效果的瞬间性。电视媒体在传播信息时,是以时间为结构的。一次传播,过而不返。

(4) 线性传播,互动性差,观众厌烦,干扰因素多。

3. 房地产电视广告片制作方法

(1) 展示内容要真实可信

要想使房地产广告片制作深入受众,广告片的展示内容必须真实可信,这样才会使观众产生信赖感。传输的内容不可吹嘘而谈,要让受众感觉真实,但这并不意味着追求制作的千篇一律,要在手法上进行创新。

(2) 广告片创意要以营销思想为出发点

对于任何广告片而言,创意是不可或缺的,没有创意的广告片如同行尸走肉,没有灵魂。一部优秀且成功的广告片关键就在于其创意是基于营销的,面对市场和消费者。脱离了营销的创意是没有任何意义的。对于房地产行业的电视广告片而言,这是人们选择生活和居住的地方,创意则更多的要突出生活品质。

(3) 广告片中特殊技术的应用

根据房地产行业的特殊性，通过特殊手法如建筑动画等在房地产电视广告片中的应用，生动、形象、具体地展示了楼盘独特的建筑风格及环境。同时融入丰富的人物和生活情节，对建筑的完善的配套、地理位置、优美的环境及时尚现代的生活等内容进行全方位的表现。

(4) 广告片的内容要不同时期有不同展现

在楼盘推广的不同时期，表达的主题是不同的，那么表现的手法和对象也是有差异的。在楼盘销售的前期，更多的是形象的展示，在中期更多的是细节和优惠条件的宣扬，在末期可能是力求营造机不可失的气氛。总之，要有针对性地进行宣传制作。

(四) 报纸广告营销

1. 报纸广告

报纸广告是以文字和图画为主要载体来向客户传递企业和产品信息，它不像其他广告媒体如电视广告等受到时间的限制，可以反复阅读、便于保存。

房地产企业可以在报纸上购买一定大小的版面来大张旗鼓地宣传自己，并在广告上注明订购电话、楼盘地址。

2. 报纸广告的特点

(1) 报纸可以反复阅读，便于保存、剪贴和编辑。

(2) 能给客户较充分的时间来接收信息，更容易给读者留下深刻的印象，且信息表达较为精确，成本也较低。

(3) 报纸广告传播速度慢于电视、电台，传播范围也小于电视、电台，且受到受众的文化程度限制。

3. 报纸媒体的选择

报纸种类繁多，各有各不同的阅读人群，会产生不同的效果。一般广告主偏爱发行量较大的报纸。受广告预算的制约，除某些重要节点外，一个楼盘的广告通常不会全部涵盖本地区的各大报纸，而是通过广告费用与广告效果的比较来进一步选择，一般用每千人（户）成本来衡量，取其低者。营销人员也可根据楼盘所面对的主要诉求对象的职业特点来选择一些其他报纸进行适当投放。

4. 广告日期的排布

完整的报纸广告的周期应从属于它的营销周期，即开盘前期、开盘期、强销期和持续期四个部分。由于房地产商品售后还有大量的工作：如现房售后的物业管理、期房售后的交房、入住、物业管理等，使这部分内容也包含在持续期的范围之内。

开盘前期报纸广告以告知型为主，配合现场 POP 广告和户外广告固定性广告的制作。开盘期报纸广告范围扩大，表现在数量上的频繁和刊登报纸种类的增多。伴随着开盘期庆典活动和促销活动，这时的报纸广告以告知型和促销型为主，广播、杂志、直接邮寄等其他媒体广告开始出现。当强销期来临的时候，大量的报纸广告继续推进，各种类型都有展现，同其他各种广告媒体互相配合，促销攻势全面拉开。强销期过后的持续期相对较长，广告量比较平静，其间随着工程进度的推进、SP 活动的开展以及节庆日的到来会有一些大的广告配合，直至销售完毕。出于对树立公司形象的考虑，在持续期内，即使销售已完毕，广告还会平稳继续，多以软广告形式出现，以迎接下一期开盘或公司的另一个新盘问世。在持续期内广告日程的排布多采用间歇型和脉动型，软硬广告兼施。

5. 市场情况的分析

一则有效的广告前提是相关人员对市场情况的了如指掌。主要包括营销环境分析、客户分析、个案分析和竞争对手分析等，尤其是后三方面是广告策略实施中需要重点明确的。客户分析主要分析客户的来源和购买动机，如信赖开发商、价格适中、地段优越、房型设计合理等，也要分析客户可能会不满意的因素。个案分析主要分析开发商的实力、过往业绩、楼盘规划、主要设备、装修情况、面积、结构、朝向、间隔、价格等多方面。竞争对手分析主要分析竞争对手实力和竞争楼盘的详细情况，竞争对手的营销活动和广告策略也应在分析的范围内，以期扬长避短，寻找自身定位。市场情况分析看似与广告设计表现等无关联，却直接影响对广告的把握，通过购买的行为过程来影响广告的有效性。

6. 报纸广告的具体作业

（1）明确广告目的

主要确定广告的类型、广告欲达到的目标和有关建议。这是一个重要因素，以后的工作都要受到广告目标的指导。

（2）根据广告目标确定广告的具体报纸类型

通常开盘期和强销期为造声势，涉及面广，投放报纸种类多。在持续期内一般只在发行量大的报纸上投放，在保证一定效果的同时降低成本。

（3）广告刊登的次数和日程排布

通常在一较短的时期内，如 1 个星期、1 个月内同样的广告或者是微变的广告会出现不止 1 次，反映该时间段内的楼盘动态、营销状况或卖点强调，出现的次数和日程安排都要严格控制，少了不奏效，多了浪费。

（4）广告的大小、投放位置和版面的考虑

广告大小主要有整版、半版、1/4直版、通栏和半通栏。位置主要在新闻下和报头，广告版还有上下之分，同时涉及具体的版面。这些都要根据广告目标和成本来决定。一般而言，在显著的版面上半版或整版地刊登，对增加客户对楼盘的信心和对公司的信任大有裨益。

（5）广告设计和表现

这是非常重要的部分，所有的考虑终将落实在具体的画面、文字和言语中。

（6）适用范围

报纸广告适合做封顶活动、开盘活动等方面的广告，也可以登载一些优惠券，让读者剪下来凭券享受优惠服务。但是要注意登载的频率、版面、广告词和广告的大小、色彩等。

现在许多城市的晚报、商报等都市生活类报纸都设有地产专版，房地产企业可以选择合适的版面刊登广告。

（五）杂志广告营销

1. 杂志广告的特点

杂志广告是刊登在杂志上的广告。杂志可分为专业性杂志、行业性杂志、消费者杂志等。由于各类杂志读者比较明确，是各类专业商品广告的良好媒介。因此，房地产企业可以有针对性地选择合适的杂志发布营销广告。

针对性、专业性强，范围相对固定，即不同的人阅读不同的杂志，便于房地产企业根据目标对象选择其常读的杂志投放广告。

储存信息量大，图文并茂，专栏较多、较全，且纸张、印刷质量高，对消费者心理影响显著。

出版周期长，适用于时效性不强的广告。

2. 适用范围

房地产企业可以有目标地选择一些杂志登广告。

第二节 房地产活动策划

一、房地产营销活动策划

(一) 房地产营销活动策划含义

房地产营销活动分为公益活动和商业活动，就商业活动而言，房地产活动策划案形式多样，一般来说，包括：新品发布会、节日促销活动、周年庆典活动、楼盘开盘活动、新闻发布会、商业演出等活动，对于任何一种活动，针对不同的企业情况和市场情况，都可以衍变出无数的形式。房地产活动营销往往对于新房上市有直接的效果，对品牌的建设具有间接的效果，所以，它是房地产营销计划中的一个重要组成部分。

(二) 房地产营销活动策划要点

1. "五大方针"与"十六字诀"

活动营销要取得好的成效，精心策划和彻底执行是关键，精心策划的关键点又在于活动必须具备吸引力、关联度、可信度、操作力和传播力等五大方针。

除了"五大方针"外，一个优秀的活动营销还必须具备"动之以情、晓之以理、攻之以心、诱之以利"十六字诀。

只要做到了"五大方针"与"十六字诀"，才能在执行时打动客户，那么活动策划才是成功的。

2. 善用活动策划的形式

针对房地产的常规活动策划不外乎促销活动、暖场活动、大型活动和圈层活动四种形式，可以按举办的频率和时长划分。

(1) 促销活动

促销活动是最常见的一种活动形式，主要是为了快速消化房源，促进成交举办的。

(2) 暖场活动

暖场活动主要是为了烘托案场气氛、聚拢周边人气、拦截竞争楼盘的客户所举办的，活动具备简单易操作、人力投入少、随时可参与的特点，一般分为表演型活动和参与型活动,表演型活动就是在案场表演魔术、人体彩绘等,参与型活动使用更多,如领海天域举办的首届风筝节活动等。

(3) 大型活动

大型活动一般单场活动时间维持在1天,但整个活动周期可以延长到1个月,这类型的活动前期企划难度大、准备时间长、耗费的资金多、人力物力投入大、参与人数多,所以,不能经常进行,但是由于此类型活动社会影响力大,对品牌知名度和美誉度的提升作用很大,所以,一些有实力的开发商也会在1年中固定策划2~3个大型品牌性活动,年复一年地举行。

3. 拒绝主次颠倒

策划活动的时候,很多人常常会主次颠倒,先从自身开发商的经济实力、承受范围出发思考问题,这样想出来的活动往往是片面的。凡活动皆是为了销售,策划伊始就要从项目针对的目标客户群出发,分析对方真正想要的是什么,什么样的活动最能吸引这部分人参与。

4. 活动规则应该清晰明了

活动规则简单才能方便客户阅读,吸引更多的客户参与,一般最好维持在100字以内,并配以活动介绍插图。插图一定要设计得美观、清晰并且图片尺寸适度。

5. 不要忽略奖品的刺激作用

只有你满足客户需求,才能够激发他们参与的动力,才会有人踊跃报名。奖励机制包括一次性奖励和阶段性奖励。奖品设置,一要有新意,二要有吸引力,三成本不能太高,如:印有项目logo的精美生活用品、水杯、纸巾盒等,既经济实用,还能够起到宣传作用。

6. 制定活动过程中不可预见性的应对策略

一场活动策划得很完美,但是过程中总会出现许多超乎想象的问题,包括竞争对手策略的变化。特别是一些举办时间长的活动,中间很容易出现疲软和倦怠,此时,策划师必须及时地做出应对策略,并且根据活动过程中出现的问题做出调整,根据情况而定。

一场活动并不是一个人能够完成的,需要活动出资方、组织方、执行方的通力配合才能成事,好的活动,必定是倾听多方意见,头脑风暴总结出的精华,也必定是经过多方努力,互相监督酿造出的精品。

二、房地产庆典活动策划

庆典策划是指针对庆典活动而做出的一系列专业策划,包括对庆典活动流程的详细安排、对庆典活动所需物料的筹备等。房地产业通常的庆典策划主要有开盘庆典策划、奠基庆典策划及周年庆典策划等，同时也包含了一些小型的庆典活动。

（一）庆典活动策划认知

庆典活动是房地产开发商利用自身或社会环境中的有关重大事件、纪念日、节日等所举办的各种仪式、庆祝会和纪念活动的总称，包括节庆活动、纪念活动、典礼仪式和其他活动。通过庆典活动，可以渲染气氛，吸引公众的注意力，强化楼盘的影响力；通过举办大型庆典，显示企业强大的实力，以增加目标客户对房地产企业及楼盘的信任感；成功的庆典活动具有较高的新闻价值，从而进一步提高企业及楼盘的知名度和美誉度，间接促进楼盘的销售。

1. 房地产庆典活动类型

（1）开工奠基活动

房地产企业举办开工奠基活动，希望能通过关系单位和人员（政府管理部门、规划设计单位、施工单位、监理单位、新闻媒体及前期登记的意向客户）的到场，借助开工典礼热烈、隆重的现场气氛，引起广大市民和社会各界的注意，进一步增强消费者对楼盘的了解和信心，同时也为项目的工程建设正式启动开了个好头，为项目的正式销售做一定的铺垫。

开工奠基活动的重点一般是在奠基上，这也是活动的高潮，所以，这一部分的安排很重要，一般是事先准备好奠基石，周围垒起沙墙，沙墙中根据奠基的人数准备带有红绸的"金柄银锹"，然后邀请重要领导和贵宾为楼盘培土奠基。在领导和贵宾开始培土奠基的同时，燃放礼花，释放升空小气球，鸣锣敲鼓，使整个活动达到高潮。

（2）开盘活动

楼盘的开盘活动是项目正式面向市场的极大关键的一步，它承接着项目的市场导入、预热和内部认购、销售等，开盘最为重要的是形象传播、营造声势、聚集人气。

开盘活动涉及政府、媒体和客户，通过政府的参与，媒体的报道，可以坚定客户对楼盘的信心，促进楼盘的销售，并起到宣传楼盘的作用。现场邀请客户来参加开盘，可以直接加深客户对楼盘的印象，刺激客户的购买欲望。

开盘活动的重点在舞狮点睛和开盘剪彩上，舞狮寓意可带来滚滚财源，在开盘庆典活动中，是必不可少的重要仪式之一，可使现场气氛喜庆热烈。领导与嘉宾剪彩的同时，释放礼花礼炮，剪彩之后再配合舞狮，将活动推向高潮。

（3）工程竣工活动

工程竣工对于业主来说是离钥匙更近了一步，业主也会更加关心。因此，房地产企业可以抓住这种业主比较关心注意的消息，加以利用，以达到企业营销的目的。工程能够如期竣工，甚至是提前竣工，充分展示了企业的实力和诚信度，在宣传中要表现出企业是把业主利益放在首位的，严格遵守合同，保证工期进度，从而坚定业主的信心，同时对于目标客户起到一个宣传激励的作用，刺激其购买欲望，坚定其购买信心。

工程竣工活动的重点是邀请目标客户参观样板房，并借助于现场喜庆热烈的气氛，同时采取各种优惠活动，现场促销，刺激客户的购买欲望，增加销售。

除此之外还有揭牌活动、结构封顶活动、交楼入住活动等。房地产企业生产的楼盘从其"生产开始"到"生产完工"有许多环节，企业可以充分合理地加以利用，同时，在开展活动的过程中，企业应当抓好注意事项，避免不必要的失误，给企业带来负效应。

2. 庆典活动组织程序

（1）庆典策划

确定来宾及发放请柬。来宾组成一般为：政府官员、地方实力人物、知名人士、新闻记者、社区公众代表、客户代表或特殊人物等。总之，来宾要具有一定的代表性；发放请柬要求：请柬提前7~10天发放。重要来宾请柬发放后，组织者当天应电话致意。庆典头晚再电话联系。

（2）设计庆典活动程序

一般程序：主持人宣布开典；介绍来宾；由组织的重要领导或来宾代表讲话；安排参观活动；安排座谈或宴会；邀请重要来宾留言或题字。

（3）落实致辞人和剪彩

致辞人和剪彩人分己方和客方。己方为企业最高负责人，客方为德高望重、社会地位较高的知名人士；选择致辞人和剪彩人应征得本人同意。

（4）编写宣传材料和新闻通信材料

列出庆典主题、背景、活动内容等相关材料，将材料装在特制的包装袋内发给来宾。对记者，还应在其材料中添加较详细的资料，以方便记者写作新闻稿件。

（5）庆典活动的接待工作

设置接待室；对所有来宾，都应热情接待、耐心服务；对重要来宾，要由组织领导亲自接待；来宾的签到、留言、食、宿均应由专人负责。

（二）庆典活动注意事项

庆典活动既是社会组织面向社会和公众展现自身的机会，也是对自身的领导和组织能力、社交水平以及文化素养的检验。因此，举办庆典活动时，公共关系人员应做到准备充分，接待热情，头脑冷静，指挥有序。

第四章 房地产开发项目融资及管理

第一节 房地产开发项目融资

一、房地产开发项目融资概述

（一）房地产开发项目融资及其意义

1. 房地产开发项目融资的概念

房地产开发项目融资是指房地产投资者为了确保房地产开发项目或投资经营项目活动能够顺利开展而进行的融通资金的活动。

拥有闲置资金并融出资金的机构或个人，其融出资金的目的是获取利息或分享收益，以便提高资金的使用效益；而融入资金的房地产投资者，其融入资金的目的则是弥补投资能力的不足，摆脱自有资金的限制，以相对较少的资金来启动相对较大的投资项目，从而获得更大的经济效益。房地产项目融资的实质是充分发挥房地产的财产功能，为房地产投资融通资金，以达到尽快开发、提高投资效益的目的。通过为房地产投资项目融资，投资者通常可将固着在土地上的资产变成可流动的资金，使其进入社会生产流通领域，达到扩充社会资金来源、缓解企业资金压力的目的。

2. 房地产开发项目融资的意义

房地产业与金融业息息相关，房地产业要获得生存和发展，需要金融业的贷款支持，需要面向社会广泛筹集资金，需要在企业和社会之间开拓通畅的资金渠道。融资是指以信用方式调剂资金余缺的一种经济活动，其基本特征是偿还性。拥有多余资金的机构或个人在融出资金后便处于债权人的地位，有权按期收回融出的资金，并要求获得融出资金的报酬或分享收益，以便提高资金的使用效益。而融入资金的房地产投资者，在融入资金后便处于债务人的地位，其在支配融入资金的同时，必须按借贷合同规定定期偿还贷款本息。债务人借入资金要以支付利息作为使用资金的代价，其融入资金的目的是弥补自有资金的不足，借用外部资金进行房地产项目投资，以尽量少的资金获取较大的经济效益。

（二）房地产项目融资的方式

融资方式是指资金筹措的实施方法。房地产项目融资的方式有如下分类：

1. 按照资金权益划分

按照融入资金的权益划分，房地产开发项目融资可分为债务融资、权益融资和金融租赁三种方式。

（1）债务融资

债务融资就是通过举债的方式融资，可分为债券发行和商业贷款两类。

债券是指由债务人为筹集资金而发行，定期向债券持有人支付利息，并在债券到期后归还本金的债务凭证。债券发行后，就在发行者和购买者（持有者）之间形成了债务、债权关系。债券可以由债务人直接发行，也可以通过证券发行的中介机构（证券公司、投资银行、信托投资公司等）向社会发行。

商业贷款是指债务人向商业银行或其他金融机构贷款的筹资形式。商业贷款目前是我国大多数项目的融资主渠道。

债务融资的资金融出方不承担项目投资的风险，其获得的报酬是融资合同中规定的贷款利息和有关费用。

（2）权益融资

当房地产投资者的自有资金数量达不到启动项目所必需的股本金数量要求时，投资者需要通过公司上市或发行新股（包含配股）、吸引其他机构投资者资金、合作开发等方式进行权益融资。

除上述权益融资方式以外，现代的权益融资还包括非公开转让股权，也就是筹资人不通过公开市场发行股票，而是直接向投资人出售股权，包括与目标投资人协议出售股权和通过股权交易中心挂牌、拍卖出售股权。比如，某房地产开发企业在开发某项目过程中，遇到资金短缺问题，而上市发行股票手续复杂、周期过长、条件苛刻，在资金链紧绷的情况下，最快的办法就是通过非公开转让股权。非公开转让股权有两种途径：一是向目标投资人直接出售部分股权以换取资金；二是引进战略投资者，由战略投资人出资稀释原公司出资人的股权，从而增加股东，扩大资本的总盘子。权益融资的资金供给方与投资发起人共担风险，资金供给方所获得的报酬是项目投资所形成的可分配利润。

(3) 金融租赁

金融租赁是指由出租人根据承租人的请求，按照双方事先的合同约定，向承租人指定的出卖人购买承租人指定的固定资产，在出租人拥有该固定资产所有权的前提下，以承租人支付租金为条件，将一定时期内该固定资产的占有、使用和收益权让渡给承租人。

金融租赁具有融物与融资的双重功能，通过金融租赁，承租人既解决了固定资产购置所需资金的问题，也解决了固定资产需求的问题。

金融租赁可以分为直接融资租赁、经营租赁和出售回租三种类型。直接融资租赁是由承租人选择设备，出租人（租赁公司）出资购买，然后出租给承租人，租赁期内该资产所有权归出租人，使用权归承租人，租赁期满后承租人可选择留购该资产，租赁期内承租人按期支付租金，折旧由承租人计提。经营租赁是由出租人或承租人选择设备，出租人购买设备出租给承租人使用，设备反映在出租人固定资产账上，由出租人计提折旧。出售回租则是指承租人将自有设备资产出卖给出租人，同时与出租人签订租赁合同，再将该资产从出租人处租回的租赁形式。

2. 按照资金渠道划分

按照资金渠道划分，房地产开发项目融资可分为直接融资和间接融资。

（1）直接融资

直接融资是指房地产开发企业与拥有暂时闲置资金的单位（包括企业、机构和个人）相互之间直接进行协议融资，或在金融市场上后者购买前者发行的有价证券，将货币资金提供给房地产开发企业使用，从而完成资金融通的过程。房地产直接融资的特点是，资金供求双方直接进行资金融通，不通过任何中介环节。

（2）间接融资

房地产间接融资是指拥有闲置资金的企业或个人，通过存款，购买银行、信托、保险等金融机构发行的有价证券，将其暂时闲置的资金提供给这些金融中介机构，然后再由这些金融中介机构以贷款方式或通过购买金融机构为房地产企业发行的有价证券，把资金提供给房地产开发企业使用，从而实现资金融通的过程，如房地产抵押贷款、开发建设贷款、流动资金贷款、租赁融资等都属于房地产间接融资。房地产间接融资的特点是资金供求双方不见面，资金融通通过金融中介机构来进行，由金融机构筹集资金和运用资金两个环节构成。

（三）房地产项目融资的特点

房地产开发由于其自身的特点，如价值大、开发周期长、一次性、风险因素多等，使其在项目融资上有着以下四个特点：

1. 融资规模大

房地产开发项目由于具有价值高、资本密集的特点而产生大量的资金要求。同时，由于房地产企业的开发建设资金存在使用支出上的集中性与来源积累上的长期性和分散性的矛盾，因而自有资金总是不足的。如果房地产开发企业不借助资本市场和金融机构进行融资，而仅凭借其自身资金则很难发挥资金杠杆融资特点，很可能无法顺利完成房地产项目的开发。

2. 偿还期长

房地产项目开发周期长，资金周转慢，资金回收期长。从房地产项目的前期可行性分析、项目报政府部门批准、项目规划设计、资金筹措、施工，到出售或出租，至少需要2年以上。而且所开发的房地产商品只有销售到一定数量后才能收回成本乃至利润。因此，要偿还通过各种融资渠道获得的资金，往往需要经历较长时间。

3. 资金缺乏流动性

房地产作为不动产，特点是价值大，但缺乏流动性，不易在短时间内变现。相对于股票、基金、债券等流动性好的资产，房地产项目很难在短时间内处置，找到投资方继续投资或实施拍卖等过程，均需要较长时间。正是由于房地产投资具有融资规模大、投资回收期长等特点，房地产资金在投入项目建设后，相应也具备了缺乏流动性的特点。

4. 房地产证券化

房地产市场积聚了大量资金，流动性较差，带来较大风险。实行房地产证券化，可利用证券的流通性，将房地产这一长期资产同市场的短期资金联系，以增强资产的流动性。

房地产证券化，就是将房地产投资直接转变为有价证券形式。房地产证券化把投资者对房地产的直接物权转变为持有证券性质的权益凭证，即将直接房地产投资转化为证券投资。从理论上讲，房地产证券化是对传统房地产投资的变革。它的实现与发展是因为房地产和有价证券可以有机结合。房地产证券化其实质是不同投资者获得房地产投资收益的一种权利分配，是以房地产这种有形资产做担保，将房地产股本投资权益予以证券化，其具体形式可以是股票、可转换债券、信托基金和收益凭证等。

（四）房地产项目融资的原则

房地产项目融资无论是通过债务融资、权益融资还是金融租赁，均要坚持适度性与效益性两项基本原则。

1. 适度性原则

适度性原则是指资金的筹集一定要适应房地产经济活动的实际需要，无论是融资规模还是融资时机、期限、方式均要适度。

融资规模的适度是指筹集资金的额度既要保证合理供应，又要不超过合理要求，既要满足经济活动的需要，又要在安全合理的负债限度内；融资时机的适度是指应把握好合适的融资时机，既要审时度势，选择资金市场上筹集资金的最佳时机，又要密切配合经济活动的进行，把握好资金的投放时机，关注资金的筹集、运用、转化、回收的最佳时机；融资期限的适度是指各种资金的举债时限应很好地搭配，短期借款要与长期借款协调，还款时间既要与生产经营活动配合，又要尽可能地分散、均匀，避免过度集中，以尽可能地降低还贷压力；融资方式的适度是指要把融资活动当作经济活动的一个有机构成进行系统的研究，要根据需求和可能选择最好的融资方式组合。

2. 效益性原则

效益性原则是指在制订融资方案、进行融资决策时，应当从经济上判断融资方案的可行性。这种分析和判断一般包括融资成本、经济效益和风险三项内容。

（1）融资成本

资金筹措的本质是获取一定资金在一段时间内的使用权，而这种使用权的获取是要付出代价的。这种代价在经济上的表现便是融资成本。如何降低融资成本，使用成本最低的融资工具，即花费最小的代价实现融资目标，是融资效益性原则的主要内容。

（2）经济效益

融资的原始动机是经济效益，因此，融资方案所带来的经济利益的大小应当是衡量其经济效益的重要内容。在实际资金筹集过程中，人们一般利用融资杠杆来评价融资方案的经济效果。通常经济杠杆的常用指标有融资利润率、融资成本率、融资成本效益指数等。

（3）风险

债务融资与金融租赁融资一般会造成公司负债的增加，而权益融资会造成公司股权稀释，削弱投资发起人对公司的控制权。这些都会带来风险，风险的大小与融资方案有极大的关系。因此，一个好的融资方案应当将融资可能带来的风险降低到最低限度。

二、房地产开发银行信贷融资

（一）房地产开发类贷款

1. 房地产开发类贷款的概念

房地产开发企业通过银行信贷获得的贷款主要用于房地产开发项目，此类贷款称为房地产开发类贷款。房地产开发类贷款是指与房地产的开发、经营、消费活动有关的贷款，主要包括房地产开发贷款、土地储备贷款等。

2. 房地产开发类贷款的用途分类

房地产开发企业在获得房地产开发类贷款后，贷款资金主要用于房地产开发和土地储备。因此，下面主要介绍房地产开发贷款和土地储备贷款。其中，土地储备贷款比较特殊，因为借款人一般是土地储备中心或受政府委托依法从事土地储备开发的企业法人。

（二）房地产开发贷款

1. 房地产开发贷款的概念

房地产开发贷款是指向借款人发放的用于开发、建造向市场销售或出租等用途的房地产项目的贷款。房地产开发贷款主要用于支付房地产开发项目建设阶段的人工、材料、设备、管理费和其他相关成本支出。

房地产开发贷款在房地产开发融资中处于关键地位。房地产开发贷款主要由商业银行作为资金提供人，一般以开发建设中的房地产项目作为房地产开发贷款的主要抵押物。在特殊情况下，比如，项目尚未开工建设或者建设投资额度极低，贷款人还要求借款人提供别的担保，如用其他房地产作抵押或由第三方提供担保等。房地产开发贷款随工程建设的进度分阶段拨付，同时要确保房地产开发贷款被用于既定目的，从而确保房地产项目价值随着开发贷款拨付额的增加而同步增长，以保障贷款人的利益。

2. 房地产开发贷款的申请条件

向银行申请房地产开发贷款，房地产开发企业及其开发项目必须满足以下条件：

（1）必须是经国家房地产业主管部门批准设立，在工商行政管理机关注册登记，取得企业法人营业执照并通过年检，取得行业主管部门核发的房地产开发企业资质等级证书的房地产开发企业。

（2）已获得当地人民银行颁发的有效的贷款卡（证），在申请银行开立基本帐户或一般账户，部分银行要求申请企业必须在该行办理一定数量的存款和结算业务。

（3）开发项目与其企业资质等级相符。

（4）项目开发手续文件齐全、完整、真实、有效，应取得土地使用权证、建设用地规划许可证、建设工程规划许可证、开（施）工许可证，按规定缴纳土地出让金及动工，土地使用权终止时间不能早于贷款截止时间。

（5）项目的实际功能与规划用途相符合，能有效满足当地市场的需求，有良好的市场租售前景。

3．房地产开发贷款的风险管理

房地产开发贷款的风险包括政策风险、市场风险、经营风险、财务风险、完工风险、抵押物估价风险、贷款保证风险等。从降低房地产开发贷款风险的角度出发，中国人民银行和中国银行业监督管理委员会要求商业银行对房地产开发贷款进行风险管理。

（三）土地储备贷款

1．土地储备贷款的概念

土地储备贷款是指银行等金融机构向借款人发放的用于土地收购、储备和一级开发的贷款。

2．土地储备贷款的申请条件

金融机构在提供土地储备贷款时，要求借款人必须满足以下条件：

（1）主体合法

借款主体必须是经省、市、县人民政府批准成立的土地储备中心，或受政府委托依法从事土地储备开发的企业法人。

（2）担保贷款

根据《土地储备管理办法》的规定，土地储备贷款属于担保贷款，抵押贷款中用以抵押的土地必须具有合法的土地使用权证。在发放土地储备贷款中，主要是以土地储备机构的土地使用权作为质押，以土地使用权出让收益作为未来还款保障。

（3）行政许可

土地储备机构举借的贷款规模，应当与年度土地储备计划、土地储备资金项目预算衔接，并报经同级财政部门批准，不得超计划、超规模贷款。土地储备机构申请贷款时，应持财政部门的贷款规模批准文件及同级人民政府批准的项目实施方案等书面材料，向当地商业银行及其他金融机构申请担保贷款。

(4) 资本金要求

具备一定的资本金,有一定的抗风险能力,能够从土地转让收益中提取一定比例的留存收益或采用其他方式补充资本金。

(5) 贷款限额

土地储备贷款必须与具体地块相对应,要落实抵押担保及其他必要的担保方式,贷款金额不得超过所购土地评估价值的70%,贷款期限最长不能超过2年。

以储备土地作为抵押融资的,需要委托土地评估机构对抵押的储备土地进行市场价格评估,并且抵押价值应当按照市场评估价值扣除应当上缴政府的土地出让收益确定。土地储备贷款实行专款专用、封闭管理、不得挪用。

3. 土地储备贷款的风险管理

土地储备贷款的风险主要包括土地储备机构自有运作资金严重不足、土地出让计划不明确、还贷资金来源的时间不能与贷款期限匹配以及土地储备机构贷款抵押中的法律问题带来的风险等。由于土地储备贷款的发放对象主要是政府土地储备机构,其本身并不具备独立的法人资格,而且土地收购储备过程中的土地权属并不十分清晰,因此,商业银行也很重视该类贷款的风险管理。

(四) 金融机构对房地产开发项目贷款的审查

1. 企业资信等级评价

金融机构在向申请贷款的项目发放贷款前,首先要审查企业的资信等级,即客户评价。一般情况下,将其划分为AAA、AA、A、BBB、BB和B级。通常情况下,BBB级及以上资信等级的企业才能获得银行贷款。

2. 贷款项目评估

对开发商所开发的项目进行详细审查,目的是确保开发商能够凭借项目本身的正常运行,具备充分的还款能力。

金融机构对项目的审查主要包括三个方面:项目基本情况,包括"四证"落实情况、权益资金占总投资比率、资金落实情况、地理与交通位置、基础设施落实情况、项目品质等;市场分析结果,包括市场定位、供需形势分析、竞争形势分析、市场营销能力、认购或预售/预租能力等;财务评价指标,包括内部收益率、销售利润率、贷款偿还期、敏感性评价等。

3. 房地产贷款担保方式评价

贷款担保是指为提高贷款偿还能力,降低银行资金损失的风险,由借款人或第三人对贷款本息的偿还提供的一种保证。贷款担保不能取代借款人的信用状况，仅仅是为已经发生的贷款提供了一个额外的安全保障。

房地产贷款担保通常有以下三种形式：

（1）保证

保证是由贷款银行、借款人与第三方签订保证协议，当借款人违约或无力归还贷款时，由第三方保证人按照约定履行债务或承担相应的责任。保证通常是由第三方保证人以自身的财产提供的一种可选择的还款来源。而且只有当保证人有能力和意愿代替借款人偿还贷款时，这项保证才是可靠的。一般来说，银行金融机构提供的担保风险最低，然后依次是省级非银行金融机构、AAA级企业、AA级企业、AA级以下企业。

（2）抵押

抵押是指借款人或第三人在不转移财产占有权的情况下，将财产抵押给债权人作为贷款的担保。银行持有抵押财产的担保权益，当借款人不履行合同时，银行有权以该财产折价或以拍卖、变卖该财产的价款优先受偿。从抵押担保的质量来看，商品房优于其他房屋，建成后的房地产优于纯粹的土地，商品住宅优于商用房地产。

（3）质押

质押是指借款人或第三人以其动产或权利（包括商标权、专利权等）移交银行占有，将该动产或权利作为债权的担保。当借款人不履行到期债务或者发生当事人约定的实现质权的情形时，银行有权将该动产或权利折价出售收回贷款，或者以拍卖、变卖该动产或权利的价款优先受偿。

三、房地产证券化融资

（一）房地产证券化融资概述

1. 房地产证券化融资的概念

房地产证券化融资是指通过房地产债券、股票等证券的发行和流通来融通房地产开发资金的有关金融活动，主要有房地产股票融资和房地产债券融资两种形式。随着现代市场经济的发展，在发达国家证券融资已经成为房地产融资的主要方式。

2. 房地产证券化融资的优越性

房地产证券融资与其他融资方式相比，其优越性主要体现在以下三个方面：一是有利于吸收大众资金。金融机构或房地产开发企业发行房地产债券或股票，将大额投资分解为小额的债权或股权,全球小额投资者参与,吸引居民大众加入。二是有利于分散投资风险。房地产证券的发行,使得广大居民参与小额投资,本身已经分散和减少了投资风险;加上证券二级市场的建立和运行,投资者在需要现金或遇到经营风险时,又可以转让房地产证券,进一步减少和分散了投资风险。三是有利于金融市场的繁荣和房地产企业经营的改善。房地产债券、股票进入金融发行市场和流通市场,大大增加了房地产金融市场交易对象,增加了金融机构的业务范围和业务数量。房地产企业发行股票后,企业置于社会公众监督之下,企业经营情况好,其股票价格上升,企业信誉提高,有利于扩大销售和提高经济效益;反之则相反。因此,房地产证券化融资是改善房地产企业经营管理、提高企业竞争能力的有效办法。

3. 房地产证券化融资的方式

房地产公司在公开资本市场的融资方式可以分为股票市场融资和债券市场融资两大类。

（二）股票市场融资

股票市场融资是房地产企业首选的重要融资方式,也是房地产开发企业获得持续资金支持的最佳融资方案。股票市场融资所筹措的是股本金,股本金增加可能有效改善企业的资产负债率,优化资本结构,提高投资能力,降低财务风险。股票市场融资包括首次公开发行、配股、增发三种融资方式。

1. 首次公开发行

（1）首次公开发行的概念

首次公开发行又称首次公开募股（IPO）,是指股份有限公司首次向社会公众公开招股的发行方式。通过IPO融资,房地产企业可以筹集大量资金,缓解资金压力,并形成一个持续再融资平台;可以提高股权的变现能力;可以改善资本结构,促进公司治理结构调整,提高管理水平,降低经营风险;可以增强品牌影响力,促进业务发展。

（2）首次公开发行的条件

根据《中华人民共和国证券法》《股票发行与交易管理暂行条例》和《首次公开发行股票并上市管理办法》的有关规定,首次公开发行股票并上市必须符合下列要求:

①主体资格

A股发行主体应是依法设立且合法存续的股份有限公司,发行人自股份有限公司成立后,持续经营时间应当在3年以上,经国务院批准的除外。

②公司治理

发行人已经依法建立健全股东大会、董事会、监事会、独立董事、董事会秘书制度，相关机构和人员能够依法履行职责。发行人的董事、监事和高级管理人员已经了解与股票发行上市有关的法律法规，知悉上市公司及其董事、监事和高级管理人员的法定义务和责任。发行人的董事、监事和高级管理人员符合法律、行政法规和规章规定的任职资格。内部控制制度健全且被有效执行，能够合理保证财务报告的可靠性、生产经营的合法性、运营的效率与效果。

③独立性

应具有完整的业务体系和直接面向市场独立经营的能力；资产应当完整；人员、财务、机构以及业务必须独立。

④同业竞争

与控股股东、实际控制人及其控制的其他企业间不得有同业竞争；募集资金投资项目实施后，也不会产生同业竞争。

⑤关联交易

与控股股东、实际控制人及其控制的其他企业间不得有显失公平的关联交易；应完整披露关联方关系并按重要性原则恰当披露关联交易，关联交易价格公允，不存在通过关联交易操纵利润的情形。

2. 配股和增发

配股和增发是上市公司在证券市场上进行再融资的重要手段。再融资对上市公司的发展起到了较大的推动作用，证券市场的再融资功能越来越受到有关方面的重视。

（1）配股

配股是上市公司根据公司发展的需要，依据有关规定和相应程序，向原股东配售股票、筹集资金的行为。配股融资具有实施时间短、操作较简单、成本较低、不需要还本付息、有利于改善资本结构等优点。

（2）增发

增发是指上市公司为了再融资而向不特定对象公开募集股份、发行股票的行为。非公开发行股票俗称定向增发，是指上市公司采用非公开方式，向特定对象发行股票的行为。增发与配股在本质上没有大的区别，但增发融资与配股相比具有限制条件少、融资规模大的优点，而且定向增发在一定程度上还可以有效解决控制权和业绩指标被稀释的问题，因而越来越多地被房地产公司使用。

(三) 债券市场融资

房地产债券是政府或金融机构或房地产企业为了筹措房地产开发资金而向社会发行的贷款信用凭证。债券发行是指发行人以借贷资金为目的，依照法律规定的程序，向投资人要约发行代表一定债权和兑付条件的债券的法律行为。债券发行是证券发行的重要形式之一，是以债券形式筹措资金的行为过程。通过这一过程，发行者以最终债务人的身份将债券转移到它的最初投资者手中。

1. 债券市场融资方式

债券市场融资主要包括发行公司债券、可转换债券和分离交易的可转换债券。

(1) 公司债券

公司债券是指公司依照法定程序发行、约定在一年以上期限内还本付息的有价证券。公司债券不是仅仅针对上市公司，满足发行公司债券要求的企业均可以申请，通过中国证券监督管理委员会发行审核委员会的审核批准后发行。相对于股权融资和其他类型债券融资，公司债券融资具有面向对象广泛、融资成本较低、不改变原股东对公司的控制权、可优化企业债务结构、降低流动性风险等优点。

(2) 可转换债券

可转换债券是可转换公司债券的简称，是指上市公司依法发行、在一定期间内依据约定的条件可以转换成股份的公司债券。

可转换债券兼具债券和股票的特征。转换前，它是债券，具有确定的期限和利率，投资者为债权人，凭券获得本金和利息；转换后，它成了股票，持有人也变为股东，参与企业管理，分享股息。对于上市公司而言，可转换债券主要具有低成本融资、稳定上市公司的股票价格、降低代理成本、完善公司治理结构、优化资本结构等优点，但也存在增加管理层经营压力、存在回购风险、减少筹资数量等缺陷。

(3) 分离交易的可转换债券

分离交易的可转换公司债券简称分离交易可转债，是认股权和债券分离交易的可转换公司债券的简称。与传统的可转换公司债券相比，对上市公司发行分离交易可转债的最大优点是"二次融资"。

2. 债券发行的方式

按照发行对象进行分类，债券可分为私募发行和公募发行两种方式。

(1) 私募发行

私募发行是指面向少数特定的投资者发行债券，一般以少数关系密切的单位和个人为发行对象，而不对所有的投资者公开出售。私募发行对象有两类：一是机构投资者，如大的金融机构或是与发行者有密切业务往来的企业等；二是个人投资者，如发行单位自己的职工或者是使用发行单位产品的用户等。私募发行一般多采取直接销售的方式，不经过证券发行中介机构，不必向证券管理机关办理发行注册手续，可以节省承销费用和注册费用，手续较简便，风险小。但是，私募债券不能公开上市，流动性差，利率比公募债券高，筹资量一般不大。

(2) 公募发行

公募发行是指公开向广泛而不特定的投资者发行债券。公募发行者必须向证券管理机构办理发行注册手续。由于发行数额一般较大，通常要委托证券公司等中介机构承销，发行费用高，发行所耗时间长。公募债券信用度高，可以上市转让，因而发行利率一般比私募债券利率低。

四、房地产项目融资方案

(一) 融资组织形式选择

研究融资方案，首先应该明确融资主体。房地产项目融资主体的组织形式包括：既有项目法人融资和新设项目法人融资。

1. 既有项目法人融资

既有项目法人融资是依托现有法人进行的融资活动，其特点是：

(1) 不组建新的项目法人，由既有项目法人统一组织融资活动并承担融资责任和风险。

(2) 拟建项目一般在既有项目法人资产和信用基础上进行，并形成其增量资产。

(3) 从既有项目法人的财务整体状况考察融资后的偿债能力。

2. 新设项目法人融资

新设项目法人融资形式是指新建项目法人进行的融资活动，其特点是：

(1) 项目投资由新设项目法人筹集的资本金和债务资金构成。

(2) 新设项目法人承担相应的融资责任和风险。

(3) 从项目投产后的经济效益来考察融资后的偿债能力。

(二) 资金来源选择

常用的融资渠道包括：自有资金、信贷资金、预售或预租收入、证券市场资金、非银行金融机构（信托投资公司、投资基金公司、风险投资公司、保险公司、租赁公司等）的资金、承包商带资承包和合作开发、其他机构和个人的资金等。

在估算出房地产投资项目所需要的资金数量后，根据资金来源的可行性、供应的充足性、融资成本的高低性，在上述房地产项目融资的可能资金来源中，最终选定项目融资的资金来源。

(三) 资本金筹措

资本金作为房地产项目投资中由投资者提供的资金，是获得债务资金的基础。

资本金出资形式可以是现金，也可以是实物、土地使用权等，实物出资必须经过有资格的资产评估机构作价，并在资本金中不能超过一定比例。国家对房地产开发项目资本金比例的要求是35%。

1. 新设项目法人资本金

新设项目法人资本金筹措渠道包括政府政策性资金、国家授权投资机构入股的资金、国内外企业入股的资金、社会团体和个人入股的资金。

2. 既有项目法人资本金

既有项目法人资本金筹措渠道包括项目法人可用于项目的现金、资产变现资金、发行股票筹集的资金、政府政策性资金和国内外企业法人入股的资金。当既有项目法人是上市公司时，可以通过公开或定向增发新股，为特定的房地产开发投资项目筹措资本金。房地产股票是房地产上市公司发给股东的所有权凭证，股票持有者作为股东承担公司的有限责任，同时享受相应的权利，承担相应的义务。房地产上市公司可根据企业融资需要，选择发行不同种类的房地产股票，包括发行普通股和优先股。

(四) 债务资金筹措

债务资金是指项目投资中除资本金外，需要从金融市场中借入的资金。债务资金筹措的主要渠道有信贷融资和债券融资。

1. 信贷融资

使用信贷资金经营，可充分利用财务杠杆的作用。

信贷融资方案需明确拟提供贷款的机构及其贷款条件，包括支付方式、贷款期限、贷款利率、还本付息方式和附加条件等。

2. 债券融资

债券融资是指项目法人以自身的财务状况和信用条件为基础，通过发行企业债券筹集资金，用于项目建设的融资方式。

企业债券作为有价证券，其还本付息的期限应根据融资目的、金融市场规律、相关法律法规和项目开发经营周期来确定，一般为3~5年。债券融资偿付方式有三种：第一种是偿还，到期一次性偿还本息；第二种是转期，即用一种到期较晚的债券来替换到期较早的在发债券；第三种是转换，即债券在有效期内，只需支付利息，债券持有人按照协议约定可以将债券转换成公司的普通股。可转换债券的发行，不需要以项目资产和公司其他资产作为担保。

（五）预售或预租

由于房地产开发项目可以通过预售和预租在开发过程中获得收入，而且预售和预租收入又可以用作后续开发过程的投资，所以，能大大减轻房地产开发商进行权益融资和债务融资的压力。

当然楼盘预售需符合相关要求：开发商投入的建设资金（不含土地费用）须达到或超过工程建设总投资的25%以上，方可获得政府房地产主管部门颁发的预售许可证。

（六）融资方案分析

在初步确定房地产开发项目的资金筹措方式和资金来源后，接下来需要进行融资方案分析，比较和挑选资金来源可靠、资金结构合理、融资成本低、融资风险小的融资方案。

1. 资金来源可靠性分析

资金来源可靠性分析主要是分析房地产开发项目所需总投资和分期投资是否得到足够的、持续的资金供应，即资本金和债务资金是否落实可靠。

2. 融资结构分析

融资结构分析主要是分析融资方案中的资本金与债务资金比例、股本结构比例和债务结构比例，并分析其实现条件。一般情况下，项目资本金比例过低，将给项目带来潜在的财务风险，股本结构反映项目股东各方出资额和相应的权益，应根据项目特点和主要股东的参股意愿，合理确定参股各方的出资比例。债务结构反映项目债务各方为项目提供的债务资金的比例，应根据债权人提供债务资金的方式、附加条件以及利率、汇率、还款方式的不同，合理确定内债与外债的比例、政策性银行与商业性银行的贷款比例、信贷资金与债券资金的比例等。

3. 融资成本分析

融资成本是指房地产开发项目为筹集和使用资金而支付的费用。融资成本包括债务融资成本和资本金融资成本。债务融资成本包括资金筹集费（承诺费、手续费、担保费、代理费等）和资金占用费（利息）。资本金融资成本中的资金筹集费同样包括承诺费、手续费、担保费、代理费等费用，其资金占用费则需要按机会成本原则计算，当机会成本难以计算时，可参照银行存款利率计算。不同融资方式的融资成本大致情况如下：自有资金的融资成本较低；银行贷款融资只需支付贷款利息，所以融资成本也较低；分期销售的融资成本高于全额付款；信托资金的融资成本较高；股权融资的成本较多地受到利益分配的影响，需在房地产利润中剥离出一部分给予股权融资者，一般股权融资成本也较高。

4. 融资风险分析

由于受资金的时间价值、流动性和市场自身的调节等因素的影响，融资方案的实施存在着各种风险，因此，需要分析融资方案中可能遇到的各种风险因素，及其对资金来源可靠性和融资成本的影响。通常需要分析的风险因素包括资金供应风险、利率风险、汇率风险、市场和经营风险。资金供应风险是指融资方案在实施过程中，可能出现资金不落实，导致开发期拖长、成本增加、原收益目标难以实现的风险。利率风险是指融资方案采用浮动利率计息时，贷款利率的可能变动给项目带来的风险和损失。汇率风险是指国际金融市场外汇交易结算产生的风险。

第二节　房地产开发项目管理

一、房地产开发项目建设管理

房地产开发项目建设实施阶段是指房地产项目从开工到竣工验收所经过的全过程。开发商在建设阶段的主要工作目标就是要在开发项目投资预算范围内，按照项目开发进度计划的要求，高质量地完成建筑安装工程，使项目按时投入使用。房地产开发企业在建设阶段所涉及的管理工作就是从业主的角度，对项目建设实施过程包括质量、进度、成本、合同、安全等在内的工程项目管理。房地产开发过程中的工程项目管理，可由开发商自己组织的管理队伍来进行管理，也可委托监理机构负责管理。

（一）平行承发包管理

平行承发包是指房地产开发企业将工程项目的施工和设备、材料采购的任务分解后分别发包给若干个施工单位和材料、设备供应商并分别和每个承包商签订工程合同。各个承包商之间的关系是平行的，他们在工程实施过程中接受开发企业或开发企业委托的监理公司的协调和监督。

对于一个大型的房地产开发项目，开发企业既可以把所有的项目建设管理任务委托给一家监理商，也可以委托给几家监理商。

（二）总承包委托建设管理

工程项目总承包模式是指开发企业在项目立项后，将工程项目的施工、材料和设备采购任务一次性地发包给一个工程项目承包公司，由其负责工程的施工和采购的全部工作，最后向开发企业交出一个满足使用条件的工程项目。房地产开发商可以将一个房地产开发项目委托给一家总包单位，并委托一家监理商实施项目管理。

对于实施平行承发包管理模式来说，有利于开发商指挥各个承包单位，通过项目之间进度、投资等建设目标完成状况的比对实施奖惩策略，但由于参与单位过多，所以，开发商组织协调工作量很大；对于实施总承包模式来说，开发商只需面对一家总承包单位，而各分包商之间的作业面协调、任务协调等工作由总承包商来做，开发商组织管理工作量较小，缺点是一旦总承包单位和开发商发生不可调和的矛盾，对开发项目的建设将会带来很大的影响。无论委托多家承包单位还是一家总包单位，开发商与施工承包企业、监理企业均应分别签订合同，施工合同要明确承包企业的权利和义务，监理合同要明确工程监理的范围和内容。开发企业通过监理商与设计和施工单位协调，其所承担的组织、控制、协调等项目管理工作，也大都交予监理单位。开发企业需要组成一套精简的项目管理班子，结合项目的驻工地代表，主要在工程决策、工程支付控制等重大问题上行使管理职能。监理制对于业主来说有节约人力物力资源、发挥专业公司优势、注重项目总体控制的优势。

二、质量控制

质量控制是指项目管理机构按照合同中规定的质量目标或者依据国家标准规范为目标，对开发项目进行的监督与管理活动，包括决策阶段、设计阶段和施工阶段的质量控制。质量控制在项目施工阶段的任务主要是在项目施工过程中及时检查施工工艺规程能否满足设计要求和合同规定，对所选用的材料和设备进行质量评价、对整个施工过程中的工程质量进行评估，将获取的质量数据与国家有关规范、技术标准、相关规定进行对比，并做出评判。

工程施工阶段的工程质量控制工作主要包括下列四方面：

（一）对原材料的检验

材料质量的好坏直接影响工程的质量。因此，为了保证材料的质量，开发企业应当在订货阶段就向材料供货商提供检验的技术标准，并将这些标准写入购货合同中。一些重要的材料应当在签订购货合同之前就取得材料的样品或样本，材料到货后要与样品进行对照检查，或进行专门的化验或试验。未经检验或不合格的材料不可以与合格的材料混装入库。

（二）对工程采用的配套设备进行检验

在各种配套设备安装之前均应进行检验和测试，不合格的设备不能采用。工程施工中应确立设备检查和试验的标准、手段、程序、记录、检验报告等制度；对于主要设备的试验与检查，如条件许可，可到制造厂家进行监督和检查。

（三）确立施工中控制质量的具体措施

1. 对各个施工设备、仪器进行检查，特别是校准各种仪器仪表，保证在测量计量时不会出现严重误差。

2. 控制混凝土质量。混凝土工程质量对建筑工程的安全有着极其重要的影响，必须确保混凝土浇筑质量。应采用严格的计量手段来控制混凝土中水泥、砂、石和水灰比，制定混凝土试块制作、养护和试压等相关管理制度，并安排专人进行监督执行；试块应妥善保存，以便将来进行强度检验，在浇筑混凝土之前，应当有专职的专业人员来检查挖土方、定位、支模和钢筋绑扎等工序的正确性。

3. 对砌筑、装饰、水电安装等工程项目需要制定具体有效的质量检查与评定的办法，以保证质量符合合同中规定的技术要求。

（四）确立有关质量文件的档案制度

收集所有的质量检查和检验证明文件、试验报告，包括分包商在工程质量方面提交的相应的文件。

三、进度控制

进度控制是指以项目进度计划为依据，综合利用组织、技术、经济和合同等手段，对建设工程项目实施的时间管理。建设项目工程进度控制工作的主要内容包括：对项目建设总周期进行论证与分析；编制项目进度计划；编制其他配套进度计划；对项目进度计划执行进行监督；施工现场的调研与分析。项目建设总周期的论证与分析就是对整个项目进行全盘考虑，全面科学规划，用来指导人力、物力的运用以及时间、空间的安排，最终确定经济、合理、科学的建设方案。

（一）工程进度计划的编制

1. 将全部工程内容分解为单项工程或工序，单项工程或工序分解的细致程度可以根据工程规模的大小和复杂程度确定。

2. 统计计算每项工程内容的工作量。一般情况下用工程量表中的计量单位来表示工作量，通常用 m^3 表示。

3. 确定每个单项工程的施工期限。各个单项工程的施工期限应根据合同工期确定，同时要考虑建筑类型结构特征、施工方式、施工管理水平、施工机械化程度及施工现场条件等因素。

4. 按正常施工的各个单项工程内容的逻辑顺序和制约关系，排列施工的先后次序，从每项施工工序的可能最早开工时间推算下去，可以得出全部工程竣工所需的工期；再反过来，从上述竣工日期向前推算，可以求出每一个施工工序的最迟开始日期。如果最早可能开工日期早于最晚开工日期，则说明某项工序有可供调节的机动时间。那么该项工序只要在最早开工和最迟开工时间之间的任何时候开工，均不会影响项目的竣工日期。

（二）进度管理及计划调整

制订进度计划的方法有两种：一种是应用传统的水平进度计划（横道图法）；另一种是网络计划（网络图法）。

（三）其他配套进度计划

除了工程进度计划外，还有其他与之相关的进度计划，例如，材料供应计划、设备周转计划、临时工程计划等。这些进度计划的实施情况影响着整个工程的进度。

四、成本控制

工程成本控制是降低成本费用、降低工程造价的重要手段。开发商的利润主要来自于租售收入扣除总开发成本后的余值，而工程造价又是开发总成本的主要构成部分，所以，降低工程成本就能大幅增加开发利润。

（一）成本控制的主要工作内容

除了项目投资决策、项目勘察设计和工程项目发包阶段的成本控制外，项目施工阶段的工程成本控制主要包括下列四方面的工作：

1. 编制各类成本计划

工程成本费用是随着工程项目进度的推进而逐期发生的，所以，可以依据工程进度计划来编制各类工程成本计划。为了方便管理，工程成本计划的编制可以分解为五种类型：

（1）编制材料、设备成本计划。

（2）编制施工机械费用计划。

（3）编制人工费成本计划。

（4）编制临时工程成本计划。

（5）编制管理费成本计划。

根据上述五种工程成本计划的总和，即能得出总工程成本控制计划。在工程施工中，必须要严格按照成本计划来实施施工建设。对于未列入计划内的所有开支，必须严格控制。如果某部分项目出现了超出成本计划预算的预兆，应及时向相关部门提出警示，并及时采取补救措施来合理控制该项成本，以保证工程项目的正常实施。

2. 审查施工组织设计和施工方案

施工组织设计和施工方案会对工程项目总成本支出产生非常大的影响。制订科学合理的施工组织设计和施工方案，能有效减少工程建设成本支出。

3. 控制工程款的动态结算

工程项目工程款的支付方式有多种不同的方式，可以按月结算，也可以竣工以后一次结算或者分段结算，以及工程项目建设约定的其他结算方式等。工程项目工程款的结算方式的不同，对开发商工程项目成本的实际支出数额有着较大的影响。对于房地产开发企业来讲，由于资金具有时间价值，工程项目工程款的支付越晚，开发商工程项目成本的实际支出就越少，对开发商就越有利。不过这样也会因为承包商自身经济能力有限影响到工程质量和进度。

4. 控制工程变更

在工程项目的具体实施过程中,由于一些突发情况导致工程项目在设计等方面出现变更,这些变更会引起工程量和施工进度的变化,以及开发商与承包商在执行合同时会出现纠纷争执等问题。这些由于工程变更所引起问题,都会使工程项目建设成本支出超出原来的预算成本限额。因此,要尽可能减少工程变更的数量来控制工程项目成本。

(二)控制工程成本的做法和手段

1. 强化意识,全员全过程成本管理

成本控制涉及工程项目建设中各个部门的每一个工作人员,每个人都能在成本控制工作中发挥作用。因此,首先要强化成本意识,统筹协调各个部门的所有成员共同参加成本控制工作。其次计划部门要事先听取工程项目现场管理人员的建议,编制科学合理、切实可行的成本计划。最后在成本计划实施中,应时刻关注项目施工管理人员的反馈信息,以便在有必要的时候对之前的成本计划进行修改或调整。

2. 确定成本控制的主要对象

工程项目成本由很多不同类型的成本费用构成,其中有些成本费用在总成本费用中所占的比例较大,而有些成本费用所占的比例较小,一些成本费用会随着工程量的变化发生变动,另一些成本费用则在整个项目建设过程中固定不变。由于项目管理人员的精力、能力有限,在成本控制工作中不可能面面俱到,不可能把影响工程项目成本的所有要素全部考虑进去。因此,在编制成本控制计划之前,一定要详细分析工程项目成本的构成,准确区分主要费用与次要费用、变动费用与固定费用,抓住主要因素和关键因素,这样才能有效地进行成本控制工作。

3. 完善成本控制制度

完善的成本控制制度是工程项目成本管理工作的实施保障。首先,专职成本管理人员应当先编制一系列标准的报表,并对报表的填报内容与方法做出详细的规定。例如,每日各项材料的消耗表、用工记录(派工单)、机械使用台班和动力消耗情况记录等。其次,还应明确成本控制的各级管理人员的职责,并对成本控制管理人员与项目现场管理人员之间的合作关系和具体职责做出明确的划分。最后,项目现场管理人员要负责积累原始资料和填报各类报表,并交由成本控制人员进行数据整理、计算分析并定期编写成本控制分析报告。

4. 制定有效的奖励措施

成本控制的奖励措施是调动各级各类人员降低成本的积极性的非常有效的方法。在制定奖励措施的时候要充分考虑成本管理人员的需要，要物质奖励和精神奖励相结合。

五、合同管理

随着经济全球化的发展，我国建筑行业日趋完善，逐步与国际惯例接轨，合同管理在现代建筑工程项目管理中的地位越来越重要，已经成为与质量控制、进度控制、成本控制和安全管理等并列的一大管理职能。

（一）合同管理的作用

1. 确定工程实施和工程管理的工期、质量、价格等主要目标，是合同双方在工程中进行各种经济活动的依据。

2. 规定合同双方在合同实施过程中的经济责任、利益和权利，是调节合同双方责权利关系的主要手段。

3. 履行合同、按合同办事。合同是工程项目建设过程中合同双方的最高行为准则，合法的合同一经签署，即成为法律文件，具有法律约束力。

4. 一个项目的合同体系决定了该项目的管理机制，开发商通过合同分解或委托项目任务，实施对项目的控制。

5. 合同是合同双方在工程实施过程中解决争执的依据。

（二）房地产开发项目的主要合同关系

1. 开发商的主要合同关系

开发商为了顺利地组织实施其所承担的开发项目，需要在开发过程中签署一系列的合同。这些合同通常包括：土地使用权出让或转让合同、勘察设计合同、融资合同、咨询合同、工程施工合同、采购合同、销售合同、联合开发或房地产转让合同等。

2. 承包商的主要合同关系

承包商是工程施工的具体实施者，是工程承包（或施工）合同的执行者。由于承包商不可能、也不需要具备履行工程承包合同的所有能力，因此，其通常将许多专业工作委托出去，从而形成了以承包商为核心的复杂合同关系。承包商的主要合同关系包括：工程承包合同、分包合同、供应（采购）合同、运输合同、加工合同、租赁合同、劳务供应合同、保险合同、融资合同、联合承包合同等。

（三）合同管理的主要工作内容

建设工程合同管理工作，包括建设工程合同的总体策划、投标招标阶段的合同管理、合同分析及实施过程中的控制。

1. 建设工程合同总体策划阶段，开发商和承包商要慎重研究确定影响整个项目工程合同实施的根本性重大问题，确定项目工程的范围、承包方式、合同的种类、合同的形式与条件、合同的重要条款、合同的签订与实施过程中可能遇到的重大争议，以及与之相关的合同在内容、时间、组织、技术等方面的协调问题等。

2. 由于工程项目招标投标环节是合同的主要形成阶段，对合同的整个生命期有着根本性的影响，通过对招标文件、投标文件等的分析和对合同风险的评估以及合同审查，明确合同签订时应注意的问题，就成为招标投标阶段项目工程合同管理的主要任务。

3. 合同分析是对合同进行执行的关键环节，也是履行合同的基础，要通过合同分析来确定合同执行的具体战略与方法，同时要通过合同分析与解释，使每一个项目管理的参与者都能明确自己在整个合同实施过程中所处位置、扮演的角色及与内外部相关人员之间的关系，客观、准确、全面地念好"合同经"。

4. 对合同实施过程中的控制是建立在现场的合同管理工作的基础之上的，其主要工作包括对合同实施情况进行监督、进行合同跟踪、合同诊断和制定合同措施等内容。建立完善合同实施保障制度、提高合同变更管理和合同资料文档管理的水平，是搞好合同实施控制的关键。

六、工程索赔

（一）索赔的含义

索赔是指在房地产开发项目经济合同的实施过程中，合同当事人一方因对方不履行或不完全履行或未能正确履行合同既定义务，或由于对方的行为而使自己受到损失，则可以向对方提出赔偿的要求。在承包工程中，房地产开发项目工程索赔一般包括施工索赔和反索赔两种。承包商向开发商的索赔称为施工索赔，而开发商向承包商的索赔称为反索赔。通常情况下只要不是承包商自身的责任，而是由于外界环境的变化干扰造成的工期延长或成本费用增加，都能提出施工索赔。

（二）索赔分类

在承包工程中，索赔按照索赔要求来划分，通常有两种形式，具体如下：

1. 工期索赔

工期（即合同期）的延长。每个承包合同中都有项目工程的开始时间、持续时间等工期要求和未按工期要求完工的处罚条款，承包商需要对由于自己管理不善或者自身的过失、过错造成的工期延误承担违约责任，接受工程合同的处罚。但是因为外界环境的变化干扰而造成的工期延误，承包商可以通过工期索赔得到开发商对工期补偿的认可，则可免去承包商的合同处罚。

2. 费用索赔

承包商因为非自身的责任或者过错过失而造成工程成本费用的增加，使承包商遭受到经济损失的，承包商可以依照合同的规定，向开发商提出费用索赔的请求。如果该索赔请求得到开发商的认可，则开发商应向承包商支付这笔费用，用以补偿承包商的经济损失。这样承包商通过费用索赔实际上是提高了合同价格，不仅可以弥补自身遭受的损失，一定程度上还可以增加工程项目的收益。

（三）反索赔管理

开发商向承包商要求的索赔称为反索赔，反索赔主要包括以下四项内容：

1. 延迟工期的反索赔

在工程建设项目实施中，如果承包方不能在合同规定的时间内完成合同约定的工程任务或设计内容，导致工程项目延迟交付，从而影响了开发商对工程项目的运营使用，给开发商带来一定的经济损失，开发商就可以向承包商进行反索赔。承包商应根据合同的约定条款和实际拖延的工期长短等因素对开发商的经济损失进行赔偿。

2. 工程施工质量缺陷的反索赔

在工程建设项目实施中，如果承包商所使用的建筑材料或设备不能满足合同规定要求或国家规范的规定，或工程项目的质量不能满足施工技术规范验收规范的规定，或建设工程出现质量缺陷并且不能在质量缺陷责任期满之前完成对质量缺陷的修复工作，开发商可对承包商进行反索赔。

3. 合同担保的反索赔

承包方在项目工程建设过程中，没有按照合同的规定履行对合同的相关内容进行担保的义务时，开发商可对承包商进行反索赔，承包商及其担保单位应对开发商的经济损失进行赔偿。

4. 发包方其他损失的反索赔

在工程项目实施的过程中，合同当事人双方都在进行合同管理工作，都在主动积极寻求索赔的机会，所以，如果合同当事人一方不能进行有效的合同管理，不仅会丧失索赔机会使自己的损失得不到补偿，还有可能被对方进行索赔，从而遭受更大的损失。此外，工程项目管理的其他方面与索赔也有着密切的联系，索赔除了需要合同管理人员及索赔小组成员的努力之外，工程项目管理其他各职能人员的配合也对其产生较大的影响。所以，索赔（反索赔）是对承包商（开发商）的综合管理水平的检验，它要求在合同全周期内，在合同实施的每个环节上，工程项目管理的每一个职能人员都要进行有效的管理工作。

第五章 房地产项目成本管理

第一节 房地产项目成本优化管理

一、房地产项目设计优化重点与成本管控关键指标

（一）房地产项目设计管理

房地产项目设计管理条块分割较大，房地产企业设计管理的范围远远大于传统的建筑设计院。因此，传统建筑设计所完成的工作只是房地产企业全部设计管理内容的一部分，建筑设计单位并不能代替房地产企业改善全面控制设计阶段的成本。房地产企业必须基于设计单位的设计成果，结合设计各个阶段的特点进行设计优化和成本控制，已达到产品品质和成本控制双重兼顾的目的。

（二）房地产项目设计优化重点

房地产项目设计通过不同阶段进行优化管理，具体内容如下：

1. 项目论证阶段

关注土地性质是否有调整机会，主要表现为：

（1）土地变性，如写字楼变公寓。

（2）规划要点调整，如商住比例。

（3）容积率调整（偷面积或主动减低容积率）。

（4）市政条件的利用。

2. 概念设计

做好项目周边环境调研，包括项目地理位置、自然景观、配套、地质情况；项目竞争

对手楼盘情况（"适度"领先配置）；做好用地分析，成本估算；产品类型比例、交通分析、功能分区、景观分析、土方分析、设备房分析、商业配套、地下室设置、人防设置、停车设置等分析。

3. 方案设计

主要包括：

（1）分析客户群真实需求，分析客户敏感点，精准定位控制成本。

（2）非销售公建配套建筑面积与客户需求间寻找平衡点，提高可售面积比例。

（3）容积率、建筑密度的把握。

（4）住宅平面、单元、户型和户型面积。

（5）建筑效果和成本双赢的建筑布局。

（6）窗地比、建筑周长面积比、屋顶复杂程度。

（7）平衡总价控制与单价控制。

4. 地质勘查设计

主要为技术问题，包括地基承载能力、地下水位，特别是抗浮设计、不良地质条件的分析及场地周边管线。

5. 基坑边坡、地基设计

岩土工程的设计控制，经验占70%，计算占30%；基坑与边坡根据性质采取不同保险系数。

6. 地下室设计

主要包括：地下室水位，特别是抗浮计算水位深度；地下室高度；地面覆土厚土；消防车道的位置；设备机房及车位的布置；地下室位置同主体的关系；管线路由及层高。

7. 结构设计

主要包括：结构比选，结构与空间的关系、荷载布置优化、计算优化、构造配筋。

8. 设备选型

主要包括：综合建安、运营、安全，使用年限及品牌；设计重要性及客户敏感度，材料性价比选；机房面积大小。

（三）房地产项目优化关键指标

设计与成本控制密切相关，房地产项目如何提炼一些成本优化的关键指标，跨越专业管理边界，实现成本无缝管理对房地产开发项目成本控制具有重要意义。房地产项目设计成本优化一级指标主要包括建筑项目成本关键指标、机电设备成本关键指标、精装修成本关键指标、园林景观成本关键指标和市政项目成本关键指标。

1. 建筑成本关键指标

具体包括可售比率（可售面积/总建筑面积）、每户建筑面积使用率（套内建筑面积/销售面积）、地下面积比率（地下总建筑面积/总建筑面积）、地下单个车位面积（含分摊面积）、建筑层高（标准层高、首层大堂层高、地下室层高）、地下室顶板覆土厚度、钢筋、混凝土含量、会所面积、位置及经营可能性、物业管理用房面积、综合设备用房面积、窗墙比率（外窗面积/外墙面积）和架空层面积。

2. 机电成本关键指标

具体包括空调消耗单方冷吨指标、给水排水管材、主要设备参数、电梯参数（梯速、载重、层高、是否标配）、高低压配电费用和智能化工程（智能家居、楼宇自控、梯控、一卡通）。

3. 精装修成本关键指标

具体包括：精装成本售价比（户型可售面积精装成本/开盘售价）、户内精装单方造价（橱柜、厨电、洁具五金、石材、壁纸、木地板）、标准层公共区域精装单方造价、大堂精装单方造价、电梯轿厢精装单方造价和售楼处、样板间配饰单方造价。

4. 景观绿化成本关键指标

包括绿化单方造价、铺装和景观单方造价、示范区园林单方造价、绿化园建比率（绿化面积/铺装、景观工程面积（除消防通道）和景观立面比率（景观立面面积/景观工程面积）。

5. 市政配套成本关键指标

具体包括：外电源路由、配电开闭站位置、配电所数量、燃气路由及调压站数量、热力路由及热力站数量、给水路由、中水路由、雨水路由和污水路由。

（四）房地产项目设计成本控制理念

房地产项目设计成本造价控制理念主要有以下三个方面：

1. 从源头抓起，着手大局为之上策

一般情况下，项目的成本造价在建筑方案确定的时候就已经基本确定，要想达到节约成本的目的，结构专业应该提前介入，参与到建筑方案设计中去，在满足建筑安全、质量、功能和建筑艺术的前提下提醒设计人员不要采用成本较高的建筑方案和建筑造型，提供可变通、结构可行的备选建议，大到建筑的规则性、柱网的布置，小到局部建筑造型的处理，建筑柱网的规则性等。

2. 中间过程入手，抓结构方案为之中策

目前，大的工程项目都普遍请国外设计公司出方案，国内做施工图，这种模式，结构设计师前期参与的可能性很小，话语权也受限。这种情况下，只能采纳建筑设计最优的结构方案。

3. 抓配筋，省小钱为之下策

省的虽是小钱，却是甲方最在意的，也是最直观的。省小钱唯一的办法就是抓规范，能节省就节省。

(五) 房地产项目设计成本控制措施

设计在整个项目的成本投入上占比不大，却影响75%的项目成本和盈利。一方面不能不计成本盲目追求设计效果；另一方面要避免成本不合理导致质量下降。取得土地、规划设计、报批报审、招标采购、总包分包、销售推广、物业管理、客户服务是相互关联、贯穿项目全生命周期的节点汇集，这其中，由于取得土地成本是不可控的，所以，成本前置的重点在于规划设计。在项目初始阶段，要确定级别、档次等定位，设定设计和材料部品部件配置标准，从而在精装设计、材料部品、成本造价指标上能轻松"对号入座"。

方案设计阶段是成本定型的重要阶段，决定了房地产项目整体开发成本的75%以上，其重要程度不言而喻，具体而言，初步设计阶段，主要在于减少不可售面积；施工图阶段，主要在于降低部分对产品品质影响不大的材料档次。

成本管控的最高阶段主要围绕设计做文章，设计方案落地，就决定了大致的成本。基础数据表、图纸核算出来的技术经济指标、建造标准等，逐一分解到相应的成本科目，进行量价合理判断，确定目标成本。方案版、施工图版确定，图纸设计指标确定与落地后，再要进行调整影响会很大，因而对施工图设计质量的要求很高。有些招标阶段，如总包，算清单，发现结构含量偏高。

1. 减少并科学利用地下面积

建筑面积跟销售面积是两个概念，建筑面积无论可售还是不可售都投入了资金和成本。过去在于得房率，现在讲求可售比。可售比是可销售面积占总建筑面积的比例。可售比越大，用于分摊的成本将越少，所有的成本都会分摊到销售面积的单方造价。提高可售比，地下室面积是很重要的一部分。一般情况下，住宅的地下室不计容，建造成本却高于地面建筑的一倍以上。地下室面积越大，投入面积越高，分摊成本越高，可售比越低。投入成本在于希望产生溢价，如果能够有利于销售价格提高，亦可分担增加的平均成本，否则就是浪费。以上海某项目的地下室设计为例，地下车库无法直接进入地下室，因而2层、3层赠送的地下室面积实际使用量很低，且没有做到真正意义上的独立入户和较好的私密性。

如果地下室的面积超过建筑面积150%就不具备经济性了。因此，要严格控制地下室面积，控制土方开挖量，控制以赠送面积作为卖点；联排别墅慎用地下停车方式。地下室面积跟车位配比相关，有些车位配比比较大，会设计大的地下车库，大地库成本很高，如果是容积率高的项目如超高层等，要满足车位比，可能还得往地下发展，这其中钢筋配比、结构成本、桩基、土方等，要增加很多成本。

因此，地下车库的设计主要有五点：在车位配比上尽可能从政策上取得优惠；可通过配置机械立体停车库达到车位配比；在地下室功能布局上注重设计合理性，充分利用空间；通过车位划线和单双行合理动线设置，来尽可能增加停车位数量，如小户型楼盘车位配比压力很大，可充分采用这一方式；通过设计地上停车位来实现车位配比。但地上停车位会影响小区景观，对于某些项目来说不宜采用。

此外，对于一些赠送地下车库的别墅产品，可以设计半地下室，半地下室土方开挖量少，成本低于地下室，尤其是西南地区由于山区地下多石头，开挖成本更高。但是，半地下室设计，一要考虑当地地质，二要让客户满意。

2. 控制窗地比减少开窗面

窗地比是指窗洞的面积与地上计容面积（不含地下室）的比例。开窗越大，意味着成本造价越高，对节能保温的要求越高。控制窗地比就是控制外立面门窗的造价，外立面门窗造价比钢筋混凝土的结构造价要高得多。因此，要控制窗地比及过多过大的开窗面，并控制会影响门窗节能和造价的设计方案。

第一，通过项目定位和成本标准化，来控制窗地比的比率，通过指标来控制，例如，普通住宅的窗地比在0.21~0.23，别墅的窗地比可达0.3。

第二，窗开启方式、型材品牌和五金配置标准会影响成本造价。例如，平开窗比推拉窗价格高，会在窗扇上使用更多五金材料，这都需要通过设计来控制标准。磁瓦涂层的处理上，可用阳极氧化、粉末喷涂来代替成本相对较高的氟碳烤漆。

第三，通过门窗和立面分割方式减少耗材。凹凸越少、窗洞越小节能保护越容易配置，采用普通玻璃、型材就能满足；但是如果开窗太大、立面设计曲线过多，则能耗越大，型材和节能要求就比较高。比如，采用断桥铝合金等来节能，会增加成本。

3. 降低外立面率

外立面率，是指扣除窗门洞的外立面装饰面积与地上计容面积的比率。外立面率这个指标在于控制外立高装饰成本，线条和凹凸越多越复杂，外立面率越高，人工和模板支出费用越大，用的装饰材料也多，成本越高。建筑形态不同则外立面造价及结构体系不同，结构体系影响外立面指标和外立面消耗的模板，而建筑风格不同对外饰面的标准与造价亦有影响。

因此，控制外立面率、外墙面保温层与外装饰面的造价及施工模板的损耗、措施费的增加，是减少成本的重要举措。

二、房地产项目设计价值链管理

（一）价值链前端管理

1. 设计任务书

设计任务书不仅体现业主的开发理念、营销主题、策划定位等，而且是设计单位最主要的设计依据。对于房地产开发企业而言，为使设计单位更加准确地理解其设计理念和意图，建议将超前观念和并行工程的思想引入设计过程，业主方在研究规划设计要点的同时初步选择设计单位，在研究讨论规划设计要点形成设计任务书的阶段不仅有业主方的各个职能部门参加，而且设计单位的参与也将从设计的角度提出更多建议，或者要求设计单位对设计任务书的编制提出正式的书面完善意见，这样双方可以从不同的角度讨论用户需求和竞争产品的特征等。这种模式下，设计单位的提早介入，不仅保证设计任务书的编制质量与可操作性，而且保证了设计单位与营销、工程、成本等部门的有效交流，更有利于建立一支由企业内部成员和设计单位外部成员共同构成的团队。

2. 设计单位

目前，我国的设计单位主要有三种类型：

（1）大型设计院，其显著特点是综合实力强，设计院内部管理制度完善，内部会审会签制度运行较好，各专业实力相对均衡且配合较好，因此，图纸的"错、漏、碰、缺"等现象较少，有利于项目施工、变更管理和成本控制。但设计院可能因业务繁忙，对项目的重视程度不够，导致设计方案创新不足，较为传统；大型设计院内部标准做法、通用做法较多，设计较为保守；不接受业主的限额设计等要求。

（2）由知名设计师创立的中小设计院，其主设计师能力较强，设计特色或特长较为突出，但由于主设计师设计任务多，导致服务质量有可能下滑，设计院内相关专业配置薄弱，专业配合及设计深度不足，图纸的"错、漏、碰、缺"等现象可能较严重。

（3）一般小型设计院或设计事务所，其设计费用相对较低、服务态度较好，业主在管理设计方时有较强的管控力度，但是设计质量存在问题（包括方案质量和图纸质量）的风险性较大，设计单位内部的质量管理体系不健全。

不同类型、不同规模的房地产开发企业在选择设计单位时的标准或许不同，但是为了有效地向设计单位输入成本管理信息，提高成本管理效果，选择设计单位时基本原则应该是易于管控，因为设计管理的关键是业主而不是设计单位。

另外，还需结合具体项目的特点。当项目作为公司的标志性工程时，对建筑的外立面效果、景观布置、材料的选择等方面要求较高，此时选择实力强的设计单位较易保证设计质量；当公司以盈利为主要目标时，可考虑一般小型设计院，此时对外立面、户型等的要求不会特别复杂，对成本经济性的要求则会较高，而这类设计单位服务态度相对较好，更容易接受甲方的意见。但是合作伙伴的选择并不是一劳永逸的结果，同时还需要注意备选单位的收集与考察。

（二）价值链中端管理

加强设计过程管理，促使成本管理有效介入设计过程，促使设计的发展沿着满足成本要求的路径进行，避免设计成本超限而造成事后修改返工，主要可以从以下三个方面改进：

1. 设计合同

通过分析设计合同示范文本不难发现其中管理性条款的欠缺，而增加管理性条款更能使得业主通过合同保证对设计单位的管理成为可能，使得设计单位能够接受业主的管理，业主能够有效监管设计院内部质量管理体系是否正常运行并发挥作用。促使设计院内部管理工作外部化，业主进而可以见证设计院的内部管理行为等。

2. 设计沟通方面

大多数人都会觉得自己的沟通能力没有问题，但是现实中往往忽略沟通的结果。设计中的沟通也是如此，不仅要看行为本身，更要看到行为产生的结果。设计沟通能够使各项工作串联成一个整体，产生整体大于分项之和的效果。设计的创造性和成本限制性的矛盾更需要充分的沟通交流从而达到润滑效果。不仅要给双方提供正式或非正式沟通平台，还要注意沟通信息的收集和反馈。因为沟通的目的并不仅仅是把信息传递出去，更重要的是给予对方反馈的机会，这样才能了解对方的想法，达到互动交流的效果，不仅利于设计对成本目标的认可和落实，而且通过设计过程的信息反馈便于及时更新材料成本信息库。

3. 设计评审

设计评审方面需要根据不同设计阶段的任务特点制定不同的评审标准，而且评审标准需综合考虑各个专业的要求，并得到大家的广泛认可。另外，还需要特别加强对设计方案的评审，因为建筑方案是初步设计和施工图设计的方向标，方案的经济合理性是过程管理的关键之一。

为了提高项目的性价比，建议将项目的技术经济指标分为两大类：功能类指标和成本类指标。每一个功能指标与成本指标相对应，功能类指标按照重要程度依次排序，成本类指标按照数值从小到大排序。在功能类和成本类指标中排序均靠前的则其价值较大，作为必然要实现的功能；相反在两类指标中排序均靠后的指标则其价值较小，可以剔除该项功能；若功能类指标和成本类指标排序方向不一致，则要考虑项目的具体定位情况，项目定位为高端时以功能类指标为主，而项目定位为中低端时以成本类指标为主。这样不仅可以将技术与经济结合，提高决策的科学性，有效地控制设计阶段的成本，而且指标的引入降低了设计评审的主观性。但是，在评审之前功能分析和成本测算是基础工作，设计单位在提出方案时需附功能分析表，业主方在此基础上进行每项功能的成本测算，只有这样才能保证方案评审时指标的可实施性。

此外，方案的评审形式不能太拘泥，要"因地制宜"，要根据不同的评审内容、不同的评审环节，合理安排评审专家和评审形式，通过评审形式的创新和完善使得评审专家能够发挥专家能力，防止过强的主观性、相互干扰性和评审的随意性。

(三) 价值链后端管理

设计变更是指设计单位对原设计文件中所表达的设计标准的改变和修改，根据变更原因的不同主要包括三类：因设计单位本身的图纸"错漏碰缺"或其他原因而导致设计资料的修改或补充；因开发商市场定位和功能调整而导致的变更；因施工单位的材料设备使用问题而提出来的变更，例如，原有材料设备缺货而使用其替代产品。

随着项目的推进，设计变更引起的成本增加将越来越大，因此，加强变更管理对成本控制有重要意义。从变更的提出到变更的实施，既需要技术把关又需要经济的审核，所以，变更管理是一个多方参与共同决定的系统工作。

三、房地产项目整体权衡与优化管理

房地产项目整体权衡与优化管理主要是"五大要素"控制相关的权衡与优化。"五大要素"主要包括进度控制、成本控制、质量控制、安全控制和环境控制。

"五大"控制要素是对立的统一。项目的任何一方面的变化或对变化采取控制措施，都会产生其他方面的变化，或产生新的冲突。对于一项工程项目而言，施工生产的目标是质量好、进度快、成本低、安全并且环保。这五者之间既是对立的，相互制约、相互影响，又是统一的，表现为平衡关系和促进关系。项目管理者始终在追求五大目标的不断进展和循环平衡，五项目标中任何一项没有实现或没有达到规范要求都无法完整地反映项目实施的目标成果。

"五大"控制要素不能等量齐观。在施工过程中五者并非等量齐观。五大目标应统筹安排，系统控制。在项目施工中，要以进度为中心，以质量为根本，以经济效益为核心，安全施工为保障，环境保护为前提，要统筹安排，系统控制。

在五大要素目标管理中，质量应该是第一位的，进度管理是五大目标控制的主线，在项目质量、工期、安全、环保满足要求的情况下，才能降低成本。概括起来说，在五大要素中，质量是生命，成本是根本，工期是体现。质量最重要，它在五大要素中起着主导和支配的作用。当质量与工期发生矛盾时，工期让步；当质量与成本发生冲突时，也选择质量。在强调质量第一的同时，也不能忽视工期与成本的重要性。因为缩短工期，可以加速资金周转，提高资金利用率，尽快发挥投资效益；而降低成本，可以为企业增加盈利，为国家建设积累资金。

因此，在处理质量、工期、成本三者关系时，必须使工程质量在不增加成本的基础上，达到国家标准、符合设计要求；使施工工期在不增加成本的基础上，低于国家定额工期；使企业施工的工程成本在符合质量和工期要求的前提下，低于社会平均水平，做到多快好省地完成施工任务。既满足用户需要，又使企业有应得利益。使质量、工期、成本三者能达到最佳的结合和辩证的统一。

五个目标寓于一个统一体中，在项目施工过程中，房地产建筑工程要考虑五个目标的统一，既要进度快，又要成本省、质量好，确保施工安全和环境保护到位。同时满足质量、成本、进度、安全、环保上的要求是很困难的，常常会出现相互之间存在冲突的情况，这时就需要在不同目标之间进行权衡。解决问题的思路是寻找可以选择的替代方案，而后权衡不同方案的优劣。项目实施中，应结合工程实际情况，从技术、管理、工艺、操作、经济等方面综合考虑施工方案，力求施工方案在技术上可行，经济上合理，工艺上先进，操作上方便，从而有利于加快进度，降低成本，保证质量和安全及环境保护符合要求。

第二节 房地产项目成本控制

一、房地产项目成本总体战略和成本分析

(一) 房地产项目总体战略

1. 组织与制度保障体系

房地产项目的开发须从组织和制度方面建立一整套卓有成效的体系，并在实践中不断地予以完善和补充，具体如下：

(1) 制度的制定

在行为规范体系方面，房地产企业可以从工程的发包管理、招投标、合同管理、预结算管理、工程成本定额标准、工程质量标准等方面制定一系列强制性规定。

(2) 制度的执行

主要包括两点：

①以行政公文形式下发，房地产企业下属的所有子公司及项目部必须严格执行。

②为保障制度的执行到位，施工管理部、质检部、预算部、工程招投标领导小组等职能部门都应配合房地产开发公司的成本控制中心，制定一整套与房地产开发公司工作标准相对应的质量、安全、进度、工期等的标准文件，这样在执行中，就很容易控制成本，并及时发现问题和不足，及时调整改进。

2. 建立组织体系

(1) 成本控制体系

在组织体系方面，为保证制度体系的执行到位，房地产企业可以专门成立二级成本控制中心，房地产开发公司直属一级成本控制中心，各个子分公司及联营合作开发项目部设立二级执行与纠正中心，并在各职能部门如投资部、研发部、设计部、技术部、工程部等部门设立控制组，在工程项目施工过程中，各子分公司的施工管理部、质检部、技术部、预算部等职能部门与房地产总公司的相关部门密切配合，将各个控制标准执行到位，以保

证质量、成本、工期及品质目标的实现。

（2）成本管理职责

①控制中心的管理职责

控制中心的管理职责主要有以下几点：

第一，制定、修正成本管理制度，督促建立完善本单位成本管理制度；跟踪、检查执行情况，对成本实行制度监控。

第二，进行房地产市场调研，对房地产市场走势做出分析、判断，并将其及时反馈给企业管理层，供决策参考；保持对国家有关法规政策和成本管理环境的了解，协助房地产开发公司争取优惠政策，处理有关政策性问题。

第三，组织各方面专业人士对拟建项目进行实地考察、立项听证，按立项审批程序审查投资估算，把握投资决策，合理配置资源，帮助房地产开发公司做好项目前期策划中的成本控制。立项审查的重点是：投资成本估算经济、合理；市场定位明确、恰当；立项资料齐全、规范；投资回报符合利润目标要求；投资风险能有效控制。

第四，组织成本管理的信息交流，通过培训、双向交流、研修会等方式，增进全员的成本管理意识，推广内外成本管理经验。寻求降低成本的有效途径，促进成本管理水平的提高。

第五，跟踪、落实各项目成本计划及其执行情况，适时了解各项目成本的实际构成，汇编成本报表；分析、总结项目成本控制情况。协助、督促各开发企业做好项目操作过程中的成本控制工作。

第六，建立成本信息监控中心，及时收集各项目成本动态资料，为管理层提供充分、有效的决策依据，并按要求将有关意见反馈给各部门。

第七，根据管理的需要，派出审计小组对项目成本进行阶段审计和决算审计，对项目成本发生的合理性、成本管理的规范性提出审计意见，并结合项目收益情况，考核项目的成本降低率、投入产出率、投资回报率等指标。

第八，逐步执行成本管理及其信息交流电脑化，搞好成本管理的综合服务。

②各项目职能部门管理职责

各项目职能部门管理职责具体如下：

第一，认真执行成本管理制度，结合实际制定本单位成本管理制度，并自觉接受监督。

第二，根据本单位业务发展规划、开发能力和市场情况，确定项目开发计划，组织立项调研、选址和前期策划，提出立项建议和开发设想，并按要求提交立项可行性报告，履行立项审批程序。

第三，遵循基本建设程序，进行项目实际操作，对房地产成本实行项目经理负责制和全员全过程控制，对可控成本、变动成本和成本异常偏差实行有效监控，保证将成本控制在目标成本范围内。

第四，规划设计阶段应按市场定位和成本估算准确把握设计方案，组织审查设计概算的经济合理性，使规划设计既符合规范，又体现成本控制的意识和要求。

第五，客观、认真地进行项目成本费用测算，编制项目成本费用计划，确定项目及每个单项工程的目标成本，分解成本费用控制指标，落实降低成本技术组织措施。

第六，组织项目开发成本费用核算，及时、全面、准确、动态地反映项目成本、费用情况，按规定编报成本会计报表等有关资料。坚持成本报告制度、保证成本信息交流的及时、有效。

第七，正确处理成本、市场、工程质量、开发周期、资源、效益之间的关系，杜绝重大工程质量事故，努力缩短开发周期，严格控制项目的质量成本和期间费用，加速投资回报，提高投资回报率。

3. 成本控制监控系统

房地产企业应根据自身的特点和管理体制，建立以管理监控、操作监控为中心的房地产成本监控系统。实行总经理领导下，项目经理负责，各职能部门具体实施的运行机制。同时，各监控中心应树立全员成本意识，对房地产成本实行全过程监控。成本监控的要求主要分以下四点：

（1）制度建设

根据管理的需要，应制定和完善成本管理制度并备案，具体包括：成本管理责任制及监控程序；计划管理制度（包括指标、定额、考核管理办法）；招、投标管理制度；合同管理制度；工程（质量、进度、监理、现场、工程盘点、工期验收移交）管理制度；预决算（包括概算、设计变更、现场签证、结算、款项拨付）管理制度；费用控制制度；材料设备管理制度。

（2）计划管理

应根据项目开发的节奏，及时编制成本计划，并跟踪、检查、考核计划的执行情况，包括：开发产品成本计划（按完全成本口径）；期间费用计划；降低成本技术组织措施计划。成本计划以设计概算、施工图预算、成本预测和决策为依据，综合考虑各种因素进行编制，做到目标明确、可行，尽量数据化、图表化；应完善成本考核办法，确立成本降低率、费用节约额、项目投资回报率等成本考核指标。

（3）信息交流

应上报的常规性成本资料，主要包括：项目基本情况；按会计制度的规定应编报的成本核算报表；成本动态情况及其分析资料；当地政策性收费项目、内容、标准、依据及政策的适用期限、收费部门。

（4）分析检查

应定期按开发阶段对房地产成本的结构、差异及其原因、控制措施及其效果进行分析，以及时总结经验教训，做好下一步成本控制工作。分析的重点主要包括：计划及其执行情况；实际成本与预算成本、计划成本对比差异及其原因；分析成本控制措施、效果、存在问题及改进意见、对策；评价、结论与揭示。

4. 成本控制信息系统

成本控制信息系统由目标成本信息、实际成本信息、成本偏差信息、成交合同信息、合同变更信息、市场价格变化信息组成。对房地产开发项目运作过程而言，其中涉及的成本信息是相当多样而且复杂的，需要对其中的信息进行筛选、整理、加工并实时反馈，才能确保成本控制的有效性。需要定期编制成本报告，以比较预算和实际的差异，分析差异产生的原因和责任归属，更重要的是分析成本改进的办法。同时，需要实行例外情况报告制度，对于预算中未规定的事项和超过预算限额的事项，要保证信息的沟通效率，以便及时做出决策。

（二）房地产项目成本分析

房地产企业项目成本分析是指在成本形成过程中，对地产项目成本进行的对比评价和分析总结工作，它贯穿于项目成本管理的全过程。施工项目成本分析主要利用施工项目的成本核算资料，与目标成本（计划成本）、预算成本以及类似的施工项目的实际成本等进行比较，了解成本变化情况，同时也要分析主要技术经济指标对成本的影响，系统地研究成本变动的因素，检查成本计划的合理性，并通过成本分析，深入揭示成本变动的规律，寻找降低项目成本的有效途径。

1. 成本分析与成本核算的不同

作为企业经济活动重要分析内容之一的成本分析，主要是为内部管理决策服务的；成本核算是企业会计核算的内容之一，其主要目的在于反映和监督企业各项生产费用支出情况，反映和监督成本开支范围规定的执行情况。

2. 房地产项目成本分析的方法

房地产项目成本分析有其特有的方式和方法，具体如下：

（1）比较法

又称指标对比分析法，是通过技术经济指标的对比，检查计划的完成情况，分析差异产生的原因，进而挖掘内部潜力的方法。这种方法，具有通俗易懂、简单易行、便于掌握的特点，因而得到广泛应用，但在应用时必须注意各技术经济指标的可行性。

比较法的应用，通常有三种形式：一是将实际指标与计划指标对比。这种形式用以检查计划的完成情况，分析完成计划的积极因素和阻碍计划完成的原因，以便及时采取措施，保证成本目标的实现。二是本期实际指标与上期实际指标对比。通过这种对比，可以看出各项技术经济指标的动态情况，反映房地产项目管理水平的变动程度。三是与本行业平均水平、先进水平对比。通过这种对比，可以反映本项目的技术管理和经济管理与其他项目的平均水平和先进水平的差距，进而采取措施赶超先进水平。

（2）因素分析法

又称连锁置换法或连环替代法。这种方法，可用来分析各种因素对成本形成的影响程度。在进行分析时，首先要假定众多因素中单个因素发生变化，而其他因素则不变，然后逐个替换，并分别比较其计算结果，以确定各个因素的变化对成本的影响程度。

（3）差额计算法

是因素分析法的一种简化形式，它利用各个因素的计划与实际的差额来计算其对成本的影响程度。

（4）比率法

指用两个以上的指标的比例进行分析的方法。它的基本特点是先把对比分析的数值变成相对数，再观察其相互之间的关系。常用的比率法有三种：①相关比率法，由于项目经济活动的各个方面是互相联系，互相依存，又互相影响的，因而将两个性质不同而又相关的指标加以对比，求出比率，并以此来考察经营成果的好坏。②构成比率法，又称比重分析法或结构对比分析法，通过构成比率，可以考察成本总量的构成情况以及各成本项目占成本总量的比重，同时也可看出量、本、利的比例关系，从而为寻求降低成本的途径指明方向。③动态比率法，是将同类指标在不同时期的数值进行对比，求出比率，以分析该项指标的发展方向和发展速度。动态比率的计算，通常采用基期指数（或稳定比指数）和环比指数两种方法。

二、房地产项目开发全过程的成本控制

（一）各环节成本之间的关系

房地产项目开发具有高风险、高收益、投资期限长的特点。一个项目开发过程需要经

过从土地竞买、投资决策、设计、招标、施工到竣工验收、运营维护等环节，每个环节相互制约，相互作用，相互补充，构成了一个全过程的成本控制管理系统。成本控制是一个全过程的控制。以成本控制为中心，房地产企业在土地竞买、决策、设计、招标、施工、竣工各环节，采用组织、技术、经济、合同的控制措施完成各环节成本控制目标，从而实现成本的降低，达到预定的目标。

（二）开发成本的构成

1. 开发成本构成的形式

房地产项目开发成本构成有以下三种形式：

第一，直接成本和间接成本。基于经济用途，房地产项目开发成本可分为直接成本和间接成本。直接成本是构成房地产项目实体的费用，包括材料费、人工费、机械使用费、其他直接费用和现场经费。间接成本是企业为组织和管理项目而发生的经营管理性费用。

第二，预算成本、实际成本和目标成本。基于成本的核算方法，房地产项目开发成本可划分为预算成本、实际成本和目标成本。预算成本是指根据施工图计算的工程和预算单价确定的工程预算成本，反映为完成工程项目建筑安装任务所需的直接费用和间接费用。实际成本是指按成本对象和成本项目归集的生产费用支出的总和。目标成本是指按企业的施工预算确定的目标成本，这一成本是在项目经理领导下组织施工、充分挖掘潜力、采取有效的技术组织措施和加强管理经济核算的基础上，预先确定的工程项目的成本目标。

第三，固定成本和变动成本。基于成本与实施所完成的工作量关系，房地产项目开发成本可分为固定成本与变动成本，其中，固定成本与完成的工程量多少无关，而变动成本则随工程量的增加而增加。

2. 开发成本的细分

结合企业财务管理制度和项目开发程序，房地产项目开发成本的划分越来越细致和科学，可操作性也越来越强。其具体可分为十个一级成本子目，具体为：土地开发费，包括地价、征地及拆迁费、其他费用等；前期工程费，包括规划、设计、项目可行性研究，水文地质，勘察、测绘、"三通一平"、大市政等支出；建筑安装工程费，包括企业以发包方式支付给承包单位的建筑安装工程费和以自营方式发生的建筑安装工程费；基础设施费，包括开发小区内道路、供水、供电、供气、排污、排洪、通信、照明、环卫、绿化等工程发生的支出；公共配套设施费，包括不能有偿转让的开发小区内公共配套设施发生的支出；销售费，包括售楼处、营销策划、销售代理等部门发生的支出；物业启动费；财务费；项目管理费；项目后期不可预见费。

3. 开发成本控制准则

（1）三全原则

全面考虑开发项目寿命周期内各项事务的子目细化，全员参与成本控制并将责任落实到人，全程进行有机综合，形成"PDCA"（计划—实施—检查—调整）的良性循环过程。包括房地产开发项目的成本预测与决策、成本计划和实施、成本核算和偏差分析等主要环节，其中，以成本计划的制订和实施监控为关键环节。

（2）成本预测及目标是首要环节

因地制宜，灵活运用各种方法，强调适用，避免套用。主动控制，强调事前控制和事中检查纠偏，避免"亡羊补牢"。成本预测需要预见成本的发展趋势，为目标成本决策和成本计划的编制提供依据。房地产项目目标成本是根据成本预测情况、经过认真分析而决定的。成本决策是先提出几个成本目标方案，再从中选择理想的成本目标方案的过程。

（3）运用价值工程

价值工程的研究和应用贯穿于房地产项目的决策、实施以及运营的全寿命周期中，越是前期应用，效果越好。设计成本与使用功能结合、投资收益与社会利益结合、综合效益最大化是全寿命周期成本管理的最终目标。

4. 投资决策环节的成本控制分析

投资决策环节的成本控制关系到项目投资的成败，项目投资决策的成败直接关系到项目将来发生的实际成本。房地产开发投资具有的综合性、投资额大、建设周期长和涉及面广等特点使房地产投资决策难免出现失误，所以，对一个房地产开发企业而言，如何建立科学的决策机制、正确规避决策中的各种风险，是成本控制的关键。

5. 设计环节的成本控制分析

控制房地产开发企业项目的建设工程成本，首先应从设计开始，因为设计是工程项目付诸实施的龙头，是工程建设的灵魂，是控制基本建设投资规模、提高经济效益的关键。

6. 招投标环节的成本控制分析

（1）推行工程招投标制的影响

房地产开发项目推行工程招投标制对降低工程造价，使工程造价得到合理的控制具有非常重要的影响。这种影响主要体现在以下四个方面：

第一，推行招投标制能够不断降低社会平均劳动消耗水平，使工程造价得到有效的控制，更为合理。

第二，推行招投标制基本上形成由市场定价的价格确定机制，使工程造价趋于合理，有利于节约投资，提高投资效益。

第三，推行招投标制有利于规范价格行为，使公开、公正的原则得以贯彻。

第四，推行招投标制有利于供求双方更好地选择，使工程造价更加符合价值基础。

（2）招标过程中的成本控制相关措施

房地产项目工程招投标包括设备、材料采购招投标和施工招投标两个方面，通过招投标，开发商选择施工单位或材料供应商，这对项目投资乃至质量、进度的控制都有至关重要的影响。因此，在招标过程中的成本控制，应贯彻落实以下五个方面的措施。

第一，招标工作应遵循公平、公开、公正、诚信的原则。招标前，应严格审查施工单位资质，必要时进行实地考察，避免"特级企业投标，一级企业转包，二级企业进场"等不正常现象，这些不正常现象对项目成本控制非常不利。

第二，做好招标文件的编制工作。造价管理人员应收集、积累、筛选、分析和总结各类有价值的数据、资料，对影响工程造价的各种因素进行鉴别、预测、分析、评价，然后编制招标文件。对招标文件中涉及费用的条款要反复推敲，尽量做到"知己知彼"，以利于日后的造价控制。

第三，合理低价者中标。目前推行的是工程量清单计价报价与合理低价中标制度，开发商应杜绝一味寻求绝对低价中标，以避免投标单位以低于成本价恶意竞争。所谓合理低价，是在保证质量、工期前提下的低价。

第四，做好合同的签订工作。应按合同内容明确协议条款，对合同中涉及费用的条款如工期、价款的结算方式、违约争议处理等，都应有明确的约定。在签订的过程中，对招标文件和设计中不明确、不具体的内容，通过谈判，争取得到有利于合理低价的合同条款。同时，正确预测在施工过程中可能引起索赔的因素，对索赔要有前瞻性，以有效避免过多索赔事件的发生。此外，应争取工程保险、工程担保等风险控制措施，使风险得到适当转移、有效分散和合理规避，提高工程造价的控制效果。工程担保和工程保险是减少工程风险损失和赔偿纠纷的有效措施。

第五，通过招标选择监理单位。好的监理队伍不仅可以把好工程质量关，而且可以帮助业主把好经济效益关，控制工程成本的支出。开发商在确定监理单位时应进行公开招标，选择三家以上的监理单位进行投标报价，从中选出监理费用低、技术力量强、业绩好、信誉高的监理单位来进行监理。在办理工程洽商时要有监理人员签字才能生效，监理人员对洽商内容在技术上是否可行、经济上是否合理都有发言权。

（3）编制标底的关键点

编制标底时的关键有五个关键点：一是标底作为业主的期望价格，应力求与市场的实际变化相吻合，要有利于竞争并保证工程质量。二是标底应由直接工程费、间接费用、利润、税金等组成，一般应控制在批准的总概算（或修正概算）及投资包干的限额内。三是标底必须适应建筑材料采购渠道和市场价格的变化，考虑材料差价因素并将差价列入标底。四是标底价格应根据招标文件或合同条件的规定，按规定的工程发承包模式，确定相应的计价方式，考虑相应的风险费用。五是以定额计价法编制标底。

定额计价法又可以分为单位估价法和实物量法两种。单位估价法根据施工图纸及技术说明，按照预算定额规定的分部分项工程子目，逐项计算出工程量，再乘以定额单价（或单位估价表）确定直接费用。然后按规定的费用定额确定其他直接费用、现场经费、间接费用、计划利润和税金，还要加上材料调价系数和适当的不可预见费，汇总后即为标底的基础。实物量法根据图纸计算各分项工程的实物工程量，分别套取预算定额中的人工、材料、机械消耗指标，并按类相加，计算出单位工程所需的各种人工、材料、施工机械台班的总消耗量，然后分别乘以人工、材料、施工机械台班市场单价，计算出人工费、材料费、施工机械使用费，再汇总求和。对于其他直接费用、现场经费、间接费用、计划利润和税金等费用的计算，则根据当时当地建筑市场的供求情况具体确定。

（4）评标时的关键点

评标时的关键点主要有：

①经初审后，以合理低标价作为中标的主要条件，中标人的投标应当符合招标文件规定的技术要求和标准。

②若采用综合评价法，最大限度地满足招标文件中规定的各项综合评价标准的投标者，应当推荐其为中标候选人。

（5）采购环节的成本控制分析

采购环节涉及的费用主要是材料费用，材料费用一般占工程总费用的65%~75%，所以，它对工程成本和利润的影响很大。

（6）工程管理环节的成本控制分析

在房地产开发企业的所有成本中，建安成本所占比例最大，也是变数最多的部分。建安成本的控制对象是工程项目，它是工程项目施工过程中各种耗费的总和，它从项目中标签约开始，到施工准备、现场施工、竣工验收等，每个环节都离不开成本控制工作，其主要涉及的费用有人工费用、材料费用、其他费用（机械使用费用、辅助工程费用、临时设施费用等）。

①成本控制原则

工程施工环节成本控制应遵循以下原则：

第一，目标控制原则。目标控制原则是管理活动的基本技术和方法，它是把计划的方针、任务、目标和措施等加以逐一分解落实。在实施目标管理的过程中，目标的设定应切实可行，越具体越好，要落实到部门、班组，甚至个人；目标的责任要全面，既要有工作责任，更要有成本责任，做到责、权、利相结合，对责任部门（个人）的业绩进行检查和考评，并同其工资奖金一同计算，做到赏罚分明。

第二，全面控制原则。全面控制包括两个含义，即全员控制和全过程控制。全员控制：建安成本控制涉及项目组织中所有部门、班组和员工的工作，并与每一位员工的切身利益有关，因此，应充分调动每个部门、班组和每一个员工控制成本、关心成本的积极性，真正树立起全员控制的观念，才能有效地控制成本。全过程成本控制：项目建安成本的发生涉及项目的整个周期即项目成本形成的全过程，因此，成本控制工作要伴随项目施工的每一环节，只有在项目的每一环节都做好控制工作，才能使工程建设成本处在有效控制之下。

第三，动态控制原则。建安成本控制是在不断变化的环境下进行的管理活动，所以，必须坚持动态控制的原则。所谓动态控制原则，就是将工、料、机投入到施工过程中，收集成本发生的实际值，将其与目标值相比较，检查有无偏离，如无偏离，则继续进行，否则要找到具体原因，采取相应措施。

②成本控制措施及方法

工程施工环节的成本控制内容有多种，一般从组织、技术、经济、合同管理等几个方面采取有效控制措施。

a. 采取组织措施控制工程成本

组织措施是项目的组织方面在施工组织的指导下采取的措施，是其他各类措施的前提和保障，采取组织措施抓好成本控制，才能使企业在市场经济中立于不败之地，控制工程成本的组织措施有以下三方面：

第一，编制施工成本预测报告，确立项目管理成本目标。编制成本预测可以使项目经理部人员及施工人员无论在工程进行到何种进度，都能事前清楚自己的目标成本，以便采取相应手段控制成本，做到有的放矢，这是做好项目成本控制管理工作的基础与前提。

第二，在项目内部实施成本责任制。施工成本管理不仅是项目经理的工作，工程、计划、财务、劳资、设备各级项目管理人员都负有成本控制责任，通过成本责任制分解责任成本，层层签订责任书。量化考核指标，把责任成本分解落实到岗位、员工身上，做到全员落实的新局面。

第三，优化项目成本控制体系，目标成本落实到人。工程项目的成本控制体现在各级组织管理机构下，需针对项目不同的管理岗位人员，做出成本耗费目标要求。项目各部门和各班组应加强协作，将责、权、利三者很好地结合起来，形成以市场为基础的施工方案、物资采购、劳动力配备，形成经济优化的项目成本控制体系。

b. 采取技术措施控制工程成本

控制工程成本的技术措施具体如下：

第一，优化施工组织方案。项目管理者根据工程特点和工程建设的不同环节，制订先进可行、经济合理的施工方案，优化施工组织设计，以达到缩短工期、提高质量、降低成本的目的。施工组织设计是工程施工的技术纲领，它的先进性、适用性将直接关系到工程质量、安全、工期，最终将影响到工程项目的成本，正确选择施工方案是降低成本的关键所在。

第二，确保工程施工质量。因质量原因造成的返工，不仅会造成经济上的直接损失，而且可能会影响工程的施工进度，如果因此影响了工程的如期竣工，就可能会引起业主的索赔。因此，施工技术人员必须严把质量关，杜绝返工现象，缩短验收时间，节省费用开支。

第三，合理确定施工工期。施工工期是一种有限的时间资源，施工项目管理中的时间管理非常重要。当施工工期变化时，会引起工程劳动量（人工与机械）的变化。同一工程项目，工期不同，工程成本就不同。因此，合理的施工进度安排，最大限度地缩短工期，将减少工程费用，使施工单位获得较好的经济效益。

第四，积极推广运用新工艺、新技术、新材料。在施工过程中，加大科技进步与提高工程质量的结合力度，努力提高技术装备水平，积极推广运用各种降低消耗、提高功效的新技术、新工艺、新材料、新设备，提高施工生产的技术含量，最大限度地节约建设成本，提高经济效益。

c. 采取经济措施控制工程成本

经济措施是最易为人所接受和采用的措施，管理人员应以主动控制为出发点，及时控制好工程中的各种费用，尤其是直接费用。主要包括对人工费用、材料费用、机械费用等的控制。

人工费用的控制管理。人工费用占全部工程费用的比重较大，一般在10%左右，所以要严格控制人工费用。要从用工数量方面控制，有针对性地缩短某些工序的工日消耗量，从而达到降低工日消耗的目的，控制工程成本。改善劳动组织，减少窝工浪费，加强技术教育和培训工作，加强劳动纪律，压缩非生产用工和辅助用工，严格控制非生产人员比例。实行合理的奖惩制度，完善内部成本激励机制。将岗位责任、工作目标、成本内容与工程项目部每个人的工资奖金挂钩，上下浮动，促使全体员工在实现各自成本责任目标的同时，实现整个企业的成本利润目标。

材料费用的控制管理。材料费用一般占全部工程费用的65%~75%，直接影响工程成本和经济效益，一般的做法是按量价分离的原则，做好以下五个方面的工作：

第一，材料用量的控制。首先是坚持按定额确定材料的消耗量，实行限额领料制度；其次是改进施工技术，推广使用降低料耗的各种新技术、新工艺、新材料；最后是对工程进行功能分析，对材料进行性能分析，力求用低价材料代替高价材料，加强周转料管理，延长周转次数等。

第二，材料价格的控制。价格主要由采购部门在采购中加以控制，首先对市场行情进行调查，在保质保量的前提下，择优购料；其次是合理组织运输，就近购料，选用最经济的运输方式，以降低运输成本；最后是考虑资金的时间价值，减少资金占用，合理确定进货批量与批次，尽可能减少材料储备。

第三，减少损耗。改进材料采购、运输、收发、保管等方面的工作，减少各环节的损耗，节约采购费用；合理堆置现场材料，避免或减少二次搬运。

第四，加强监督，减少浪费。实行施工过程监督，项目负责人要保证材料的使用严格按施工工艺要求进行，违章操作会造成不必要的材料浪费。

第五，加强物资核算管理。项目部每月末应进行物资盘点，依据工程数量、施工配合比等计算主要材料节超情况，针对发现的问题及时查找原因，制定纠偏措施，堵塞漏洞。

机械费用的控制管理。机械费用的控制措施主要有以下五个方面：

第一，正确选配和合理利用机械设备，搞好机械设备的保养修理，提高机械的完好率、利用率和使用率，从而加快施工进度，增加产量，降低机械使用费。

第二，减少施工中消耗的机械台班量，通过合理的施工组织和机械调配，提高机械设备的利用率和完好率，同时加强现场设备的维修、保养工作，降低大修、经常修理等各项费用的开支，避免不当使用造成机械设备的闲置。

第三，制定合理的定额管理制度，实行单机核算、单项考核、责任到人、奖惩分明的考核办法，如此才能收到控制机械作业成本的实效。

第四，实行机械操作人员收入与产量及设备保管好坏挂钩，调动机械操作人员积极性。

第五，加强租赁设备计划管理，充分利用社会闲置机械资源，从不同角度降低机械台班价格。

③施工薄弱环节的成本控制

在目前的工程管理过程中，质量监督、进度控制机制已经比较完善，但招投标、工序安排、工程变更和材料价格等的成本控制工作恰恰是施工管理中的薄弱环节。由于成本控制工作做得不到位，工程虽能按期保质完成，但未能达到预期的收益，这是房地产开发企业中非常普遍的一个问题。工程施工薄弱环节的成本需要通过以下措施来加以控制：

第一，严格进行工程招标，控制新开工程的造价。通过招投标制度选择信誉高、工期控制好、技术力量强、施工质量好、造价适中的施工队伍。建设单位签订承包合同是关键，要把主要内容在合同中予以明确。要根据建筑市场行情、建筑业的一般惯例和有关规范，就施工中可能产生的职责不清、互相扯皮、影响造价、延误工期等因素进行事先约定，经法律形式确定下来，确保双方按约履行。

第二，合理安排施工顺序，减少临时费用。在组织住宅小区的施工、安排开工计划时，要考虑到附属配套及大、小市政工程能否与住宅工程同步进行，尽量不发生临时供水、供电、供热的费用，并减少二次施工造成的人力、物力、财力的浪费。在建设小区道路前，即可进行各类管道的铺设，减少二次开挖，避免施工企业因现场施工的原因向开发企业索赔，从而降低成本。

第三，建立工程变更制度，降低工程成本。工程变更是编制预算增减账的依据，是施工企业在中标后提高造价、增加收入的主要手段，作为监理工程师，加强工程洽商的管理，防止不正当的索赔，建立规范的变更制度是非常必要的。变更管理制度的内容要确定工程、规划、预算合同等有关部门在签办工程洽商时的责任，分工必须明确，权力不宜过分集中。

三、基于目标管理的房地产开发项目成本控制探讨

在我国房地产业飞速发展、房地产市场逐渐呈现出成熟化发展状态的情况下，房地产企业面临的市场竞争更加激烈，在一定程度上促使房地产企业在开展项目开发的过程中必须加强成本控制，创造更大的经济效益，促进整体竞争力的提升。因此，为了能够推动房地产开发项目成本控制工作呈现出科学化发展状态，可以尝试引入目标管理思想，增强成本控制工作的科学性，为房地产企业的发展提供有效的支持。

对房地产开发成本进行系统的研究，其主要是房地产开发企业在建设和发展实践中，将一定数量的商品房作为核心所支出的全部费用，一般情况下房地产开发成本涉及土地成本、前期费用、工程成本、营销成本、管理成本以及财务成本几个方面。按照成本属性进

行划分，财务成本、土地成本以及管理费用等一般能够在项目初期完成确定工作，在后期项目开发工作中也不会出现较大的变动，能够实现有效控制。而工程成本、前期费用成本以及营销成本等则会受到项目开发过程中多种因素的影响发生变化，往往会出现前后较大差异的情况，只有采取有效的措施才能提高可控性。

因此，在房地产开发项目中，应该加强对工程成本、前期费用成本以及营销成本的控制，争取为房地产项目开发提供良好的支持。同时，房地产开发项目中成本控制工作涉及开发的全过程各个环节。通过建立基于目标管理的房地产开发项目目标成本管理体系加强成本控制，具体要采取以下措施和方法：

第一，建立目标成本管理体系。在对实践研究结果进行整合分析的基础上，可以发现在房地产开发项目中是否能够实施积极有效的目标成本管理可以反映企业的管理水平，企业在综合项目开发实践中构建目标成本管控管理体系，实际上就是结合项目开发情况确定目标成本，将目标成本作为核心对成本结构树进行科学的分解，最终借助预算计划的支持将目标成本管理在各个部门执行工作中落实，真正将目标成本控制转变为项目开发方面的行动计划，并且在执行过程中将结果与预期目标进行对比，及时发现问题并进行有效改正。

第二，在分解目标成本的基础上促进岗位责任成本体系的建立。在对目标成本进行明确的基础上，还要尝试结合管理需求探索岗位责任成本体系的构建，辅助目标成本管理工作的落实。在构建岗位责任成本体系的基础上，能够对房地产开发项目中涉及的专业职能部门职责进行明确，使专业职能部门参与到成本管理工作中，并分析技术经济指标反馈职责的履行情况，通过考核评价结果对职责的履行情况形成更为全面的认识。对于房地产开发项目而言，责任成本体系的构建，实际上能够对目标成本管理体系中业务主体和业务内容加以明确，可以促进成本管理体系架构的分解和落实。

第三，项目论证阶段的成本控制。针对项目拓展和论证阶段的实际工作情况对成本控制方面的重点工作进行分析，发现主要工作内容在于促进土地成本的控制，在实际控制过程中将地价、各类补偿费、土地动拆迁补偿费等的管理和控制作为重点内容。一般情况下在房地产开发项目建设的整合过程中，土地成本的变动都相对较小，因此，需要重点关注拿到土地时的成本工作，在实际工作中可以采用投标报价、严格控制交地及付款风险等增强成本控制的科学性和有效性。

第四，施工阶段的成本控制。

第五，营销阶段的成本控制。营销阶段涉及成本控制工作主要体现在对项目销售过程中涉及广告费、推广费等进行控制，核心关键工作在于制订科学的营销策划方案，确保能够以有限的营销投入获得较大的产出,为营销成本控制提供良好的支持。

第六,进行有效的动态成本管理。动态成本能够将房地产开发项目实施过程中产生的预期成本集中地反映出来,并且可以集中凸显目标成本以及动态成本之间的差异性特征,为目标成本控制工作的优化开展提供相应的支持。一般情况下,在实施目标成本控制的过程中要突出多方面的原则,即将合同管理作为中心、主抓三条线、建立成本分析预警机制、充分应用信息化手段等。以信息化手段的应用为例进行具体的解析,即由于动态成本的构成具有复杂性和系统性的特点,所以,在组织开展成本管理工作的过程中,为了能够全面掌握实施动态成本方面涉及相关数据信息,促进成本核算和控制目标的实现,就应该采用信息化手段促进房地产开发项目成本管理水平的提升,进而全面掌握目标成本和动态成本的差异,为科学成本控制措施的制定提供有效的支持。

第六章 房地产建设项目质量与进度控制管理

第一节 房地产建设项目质量控制

一、房地产项目质量管理概述

（一）建设项目工程质量的定义

建设项目工程质量简称工程质量，这里是指工程项目实施过程中的实体质量。工程质量是指工程满足建设单位需要的，符合国家法律、法规、技术规范标准、设计文件及合同规定的特性综合。

建设工程项目作为一种特殊的产品，除具有一般产品共有的质量特性，如性能、寿命、可靠性、安全性、经济性等满足社会需要的使用价值及其属性外，还具有特定的内涵。建设工程项目质量要求主要表现在以下六个方面：

1. 适用性

适用性是指工程满足使用目的的各种性能。

2. 耐久性

耐久性是指即满足规定功能要求使用的年限，也就是工程竣工后的合理使用寿命周期。

3. 安全性

安全性是指工程建成后在使用过程中保证结构安全、保证人身和环境免受危害的程度。

4. 可靠性

可靠性是指工程在规定的时间和规定的条件下完成规定功能的能力。

5. 经济性

经济性是指工程从规划、勘察、设计、施工到整个产品使用寿命周期内的成本和消耗的费用。

6. 与环境的协调性

与环境的协调性是指工程与其周围生态环境协调，与所在地区经济环境协调以及与周围已建工程相协调，以适应可持续发展的要求。

（二）建设工程项目质量的特点

建设工程项目质量的特点是由建设工程本身及其施工的特点决定的。

1. 建设工程（产品）及其施工的特点

（1）建设产品具有固定性，施工具有流动性。

（2）建设产品具有多样性，施工具有单件性。

（3）建设产品形体庞大、投入高、周期长，具有风险性。

（4）建设产品具有社会性，生产具有外部约束性。

2. 工程项目质量的特点

（1）影响因素多

如决策、设计、材料、机具设备、施工方法、施工工艺、技术措施、人员、工期、工程造价、地形、地质、水文、气象等，这些因素都直接或间接地影响工程项目质量。

（2）质量幅度大，易产生质量变异

由于建筑生产的单件性和流动性，工程质量容易产生波动且波动大。同时，由于影响工程质量的偶然性因素和系统性因素比较多，其中任一因素发生变动，都会使工程质量产生波动。如材料规格、品种使用错误，施工方法不当，操作未按规定进行，机械设备过度磨损或出现故障，设计计算失误等，都会导致质量波动，从而导致系统的质量变异，造成工程质量事故。

（3）质量隐蔽性

建设工程施工过程中，由于工序交接多、中间产品多、隐蔽工程多，因此质量存在隐蔽性。若不及时进行质量检查，事后只能从表面上检查，就很难发现内在的质量问题，这样就容易产生第二判断错误。也就是说，容易将不合格的产品误认为是合格的产品。反之，若不认真检查，测量仪器不准，读数有误，就会产生第一判断错误。因此，在质量检查时应特别注意。

(4) 终检局限性大

工程项目终检验收时难以发现工程内在的、隐蔽的质量缺陷，对工程质量应重视事前控制、事中监督，防患于未然，将质量事故消灭于萌芽之中。

(5) 评价方法的特殊性

工程项目质量的检查评定及验收是按检验批、分项工程、分部工程、单位工程进行的。检验批的质量是分项工程乃至整个工程质量检验的基础，其是否合格主要取决于主控项目和一般项目抽样检验的结果。隐蔽工程在隐蔽前要检查合格后验收，对涉及结构安全的试块、试件以及有关材料，应按规定进行见证取样检测。对涉及结构安全和使用功能的重要分部工程，要进行抽样检测。

(三) 房地产项目质量控制的含义

质量控制是质量管理体系标准的一个质量术语。质量控制是质量管理的一部分，是致力于满足质量要求的一系列相关活动；质量管理是指确立质量方针及实施质量方针的全部职能及工作内容，并对其工作效果进行评价和改进的一系列工作。因此，二者的区别在于质量控制是在明确的质量目标条件下通过行动方案和资源配置的计划、实施、检查和监督来实现预期目标的过程。

房地产项目从本质上说，是一项拟建的建筑产品，质量要求一般体现在工程合同、设计文件、规范标准等几个方面。由于房地产项目是由开发商（投资者或项目法人）提出明确的需求，然后再通过一次性承包、发包生产，即在特定的地点建造特定的项目。因此，工程项目的质量总目标是通过项目策划，即项目的定义、建设规模、系统构成、使用功能和价值、规格档次标准等的定位策划和目标决策来提出的。

工程项目质量控制包括勘察设计、招标投标、施工安装、竣工验收等阶段，均应致力于满足房地产开发商要求的质量总目标而展开。

(四) 工程建设的不同阶段对项目质量的影响

工程建设的不同阶段对项目质量的影响如下：

1. 项目可行性研究阶段

在此阶段，需要确定房地产项目的质量要求，并与投资目标相协调。项目的可行性研究直接影响项目的决策质量和设计质量。

2. 项目决策阶段

项目决策阶段主要是确定工程项目应达到的质量目标和水平。

3. 工程勘察、设计阶段

工程的勘察使得质量目标和水平具体化，为施工提供直接依据。工程的设计质量是决定工程质量的关键环节，设计的严密性、合理性决定了工程建设的成果，是建设工程的安全、适用、经济与环境保护等措施得以实现的保证。

4. 工程施工阶段

工程施工活动决定了设计意图能否体现，它直接关系到工程的安全可靠、使用功能的保证，以及外表观感能否体现建筑设计的艺术水平。在一定程度上，工程施工是形成实体质量的决定性环节。

5. 工程竣工验收阶段

工程竣工验收是保证最终产品质量的关键阶段。

工程建设项目质量的形成是一个系统的过程，是可行性研究、项目决策、工程勘察和设计、工程施工和竣工验收各阶段质量的综合反映。

二、建设工程项目质量控制

（一）建设工程项目质量控制的过程

从工程项目质量的形成过程可知，要控制工程项目的质量，就应按照基本建设程序依次控制各个阶段的工程质量。

1. 项目决策阶段的质量控制

在房地产项目决策阶段，要使项目的质量要求和标准符合房地产开发建设意图，并与投资目标相协调，使建设项目与所在周边环境相协调，为项目的长期使用创造良好的运行条件和环境。

2. 工程设计阶段的质量控制

（1）要选择好设计单位，通过设计招标、组织设计方案竞赛等措施，从中选择能保证设计质量的设计单位。

（2）要保证各部分的设计符合决策阶段确定的质量要求。

（3）要保证各部分设计符合有关技术法规和技术标准的规定。

（4）要保证各专业设计部分之间的协调。

（5）要保证设计文件、图纸符合现场和施工的实际条件，其深度应能满足施工的要求。

3. 工程施工阶段的质量控制

(1) 要开展施工招标，择优选择施工单位，认真审核投标单位标书中关于保证工程质量的措施和施工方案，将能否保证工程质量作为选择承包商的重要依据。

(2) 严格监督施工单位按设计图纸进行施工，并最终形成符合合同文件规定质量要求的最终产品。

(二) 建设工程项目质量计划编制与实施

1. 建设工程施工质量计划的概念

建设工程施工质量计划是指确定施工项目的质量目标和如何达到这些质量目标的组织管理、资源投入、专门的质量措施、必要的工作过程。

2. 建设工程施工质量计划的内容

(1) 质量目标和质量要求。

(2) 质量管理体系和管理职责。

(3) 质量管理与协调的程序。

(4) 法律法规和标准规范。

(5) 质量控制点的设置与管理。

(6) 项目生产要素的质量控制。

(7) 实施质量目标和质量要求所采取的措施。

(8) 项目质量文件管理。

3. 建设工程施工质量计划的实施

质量计划一旦批准生效，必须严格按计划实施。在质量计划实施过程中要及时监控、了解计划执行的情况、偏离的程度、纠偏措施，以确保计划的有效性。

(三) 建设工程项目质量影响因素及控制

在工程项目建设各个阶段，影响质量的因素主要有人、材料、机械设备、工艺方法和环境五大方面。因此，事前对这五方面的因素严格予以控制，是保证建设项目工程质量的关键。

1. 人的因素

在工程项目建设中，影响工程项目质量的人是指直接参与工程建设的决策者、组织者、指挥者和操作者。

（1）对人的要求

工程实施过程中应充分调动人的积极性，发挥人的主导作用；为避免失误，应调动人的主观能动性、增强人的责任感和质量观，达到以工作质量保证工序质量、保证工程质量的目的。

（2）应采取的措施

加强职业道德教育、劳动纪律教育、专业技术知识培训，健全岗位责任制，改善劳动条件，进行公平、合理的激励；根据工程项目的特点，从确保质量出发，本着适才适用、扬长避短的原则来控制人的使用。

2. 材料因素

在工程项目建设中，材料泛指构成工程实体的各类建筑材料、构配件、半成品等。对材料的要求：材料是工程建设的物质条件，是工程质量的基础，将直接影响工程的结构刚度和强度，影响工程的观感、使用功能及使用安全。因此，材料的选用要合理，各类构件产品要合格，材质需经过检验，保管使用要得当等。

3. 机械设备因素

工程项目建设中的机械设备是指各类施工机械设备。

（1）对机械设备的要求

机械设备要满足功能、合理装备、配套使用、有机联系，充分发挥建筑机械的效能，力求获得较好的综合经济效益。

（2）应采取的措施

综合考虑施工现场条件、建筑结构形式、机械设备性能、施工工艺和方法、施工组织与管理、建筑技术经济等各种因素，参与承包单位机械化施工方案的制订和评审。

4. 工艺方法因素

（1）工程项目建设中的工艺方法是指施工现场采用的施工方案，其包括以下内容：技术方案，如施工工艺和作业方法。组织方案，如施工区段空间划分及施工流向顺序、劳动组织等。

（2）对工艺方法的要求：施工方案要合理、施工工艺要先进、施工操作要正确。工艺方法是实现工程建设的重要手段，方案的制订、工艺的设计、施工组织设计的编制、施工顺序的开展和操作要求等，都必须以确保质量为目的，严加控制。

（3）应采取的措施：结合工程实际，从技术、组织、管理、工艺、操作、经济等方面进行全面分析、综合考虑，力求方案技术可行、经济合理、工艺先进、措施得力、操作方便，有利于提高质量、加快进度、降低成本。

5. 环境因素

（1）工程项目建设中的环境因素是指对工程质量特性起重要作用的环境条件。其包括以下几点：工程技术环境，如工程地质、水文、气象、工程管理环境、质量管理制度等；劳动环境，如劳动组合、劳动工具、工作面等。

（2）对环境因素的要求：在雨期、风季、炎热、冬期季节施工中，应针对工程的特点，尤其是对混凝土工程、土方工程、深基础工程、水下工程及高空作业等，必须拟定季节性施工保证质量和安全的有效措施，以免工程质量受到冻害、干裂、冲刷、坍塌的危害；要不断改善施工现场的环境和作业环境，加强对自然环境和文物的保护，尽可能减少施工所产生的危害对环境的污染；健全施工现场管理制度，合理布置，使施工现场秩序化、标准化、规范化，实现文明施工。

（3）应采取的措施：环境因素对工程质量的影响具有复杂而多变的特点。因此，加强环境管理、改进作业条件、把握好技术环境、辅以必要的措施，是控制环境对质量影响的重要保证。

三、工程建设各主体单位的质量责任和义务

（一）建设单位的质量责任和义务

1. 建设单位应当将工程发包给具有相应资质等级的承包施工单位，不得将建设工程肢解发包。肢解发包是指建设单位将应当由一个承包单位完成的建设工程分解成若干部分，发包给不同的承包单位的行为。这一规定的目的在于，限制建设单位发包工程的最小单位。

2. 建设单位应当依法对工程建设项目的勘察、设计、施工、监理以及与工程建设有关的重要设备、材料等的采购进行招标。

3. 建设单位必须向有关的勘察、设计、施工、工程监理等单位提供与建设工程有关的原始资料，原始资料必须真实、准确、齐全。

4. 建设工程发包单位不得迫使承包方以低于成本价格竞标，不得任意压缩合理工期。

5. 建设单位应当将施工图设计文件报有关部门审查，未经审查批准的不得使用。

6. 对于实行监理的建设工程，建设单位应当委托具有相应资质等级的工程监理单位进行监理，也可以委托具有工程监理相应资质等级并与被监理工程的施工承包单位没有隶属关系或者其他利害关系的该工程的设计单位进行监理。

监理工作要求监理人员有较高的技术水平和较丰富的工程经验。因此，国家对开展工程监理工作的单位实行资质许可。工程监理单位的资质反映了该单位从事某项监理工作的资格和能力是国家对工程监理市场准入管理的重要手段。只有获得相应资质证书的单位，才具备保证工程监理工作质量的能力，因此，建设单位必须将需要监理的工程委托给具有相应资质等级的工程监理单位进行监理。目前，工程监理主要是对工程施工质量进行监督，因设计人员对设计意图比较了解，对设计中各专业如结构、设备等在施工中可能发生的问题也比较清楚，而工程施工的质量保证也是对设计质量的肯定。因此，由具有监理资质的设计单位对自己设计的工程进行监理，对保证工程质量十分有利。

隶属关系是指设计单位与施工单位有行政上下级关系，其他利害关系主要是指设计单位和施工单位之间存在的可能直接影响设计单位监理工作公正性的非常明显的经济或其他利益关系。

7. 建设单位在领取施工许可证或者开工报告之前，应当按照国家有关规定办理工程质量监督手续。

施工许可制度是指建设行政主管部门依法对建筑工程是否具备施工条件进行审查，符合条件的准许其开始施工的一项制度。制定这一制度的目的是通过对建筑工程施工所应具备的基本条件的审查，避免不具备条件的工程盲目开工，给相关当事人造成损失和社会财富的浪费，保证建筑工程开工后的顺利建设。

建设单位在领取施工许可证或者开工报告之前，应当按照国家及地方有关规定，到工程质量监督机构办理工程质量监督手续。所需文件和资料如下：

工程规划许可证；设计单位资质等级证书；监理单位资质等级证书，监理合同及《工程项目监理登记表》；施工单位资质等级证书及营业执照副本；工程勘察设计文件及施工图设计文件审图意见及备案资料；中标通知书及施工承包合同等。

工程质量监督机构收到上述文件和资料后进行审查，符合规定的，办理工程质量监督注册手续，签发监督通知书。建设单位在办理工程质量监督注册手续的同时，按照国家有关规定缴纳建设工程质量监督费用。办理工程质量监督手续是法定程序，不办理监督手续的不发施工许可证，工程不得开工。

8. 按照合同约定，由建设单位采购建筑材料、建筑构配件和设备的，建设单位应当保证建筑材料、建筑构配件和设备符合设计文件和合同要求。建设单位不得明示或者暗示施工单位使用不合格的建筑材料、建筑构配件和设备。

发包方可以按合同提供原材料。对于哪些材料和设备由建设单位采购，哪些材料和设备由施工单位采购，要在合同中约定。谁采购的材料，谁负责保证其质量。对建设单位供应的材料和设备，在使用前，承包单位要对其进行检验和试验；如果不合格，不得在工程上使用并通知建设单位予以退换。有些建设单位在得知其供应的材料设备不合格后，为了赶进度或降低采购成本，仍以各种明示或暗示的方式要求施工单位降低标准，在工程上使用。这种指示施工单位使用不合格的建筑材料、建筑构配件和设备的行为，是一种严重的违法行为。

9. 涉及建筑主体和承重结构变动的装修工程，建设单位应当在施工前委托原设计单位或者具有相应资质等级的设计单位提出设计方案，没有设计方案的不得施工。

对建筑工程进行必要的装修作业，是满足建筑工程使用功能和美观的重要施工活动。一般的装修工程，只是对小型、轻型材料和构件进行拆除和安装，不涉及建筑主体和承重结构的变动。但也有一些装修工程，为了满足特定的使用目的，要对结构主体和承重结构进行改动。对于这类装修工程的施工，如果没有法律法规约束，任何单位和个人都随意对建筑主体和承重结构变动和装修，并且又是在没有设计方案的前提下擅自施工，则必将给工程带来质量隐患或者质量问题，后果是十分严重的。因此，涉及建筑主体和承重结构的装修工程施工，必须依据设计方案进行。设计方案是施工依据，没有设计方案的不得施工，以保证安全。

建筑设计方案是根据建筑物的功能要求，具体确定建筑标准、结构形式、建筑物的空间和平面布置以及建筑群体的安排。涉及建筑主体和承重结构变动的装修工程，设计单位会根据结构形式和特点对结构受力进行分析，对构件的尺寸、位置、配筋等重新进行计算和设计。因此，建设单位应当委托该建筑工程的原设计单位或者具有相应资质条件的设计单位提出装修工程的设计方案。原设计单位对建设工程的情况、结构形式等比较熟悉，一般情况下应委托其进行该建设工程的装修设计。在难以委托原设计单位的情况下，应委托与原设计单位有同等或以上资质的设计单位承担设计任务。

房屋建筑使用者在进行家庭装修过程中，不得擅自变动房屋建筑主体和承重结构，如拆除隔墙、窗洞改门洞等都是不允许的。至于哪些部位是承重结构以及装修中应注意的其他事项，在建设单位提供给用户的《住宅使用说明书》中应做说明。

10. 建设单位收到建设工程竣工报告后，应当组织设计、施工、工程监理等有关单位进行竣工验收。

(二) 工程监理单位的质量责任和义务

如果监理单位故意弄虚作假，降低工程质量标准，造成质量事故的，要按照《中华人民共和国建筑法》及《建设工程质量管理条例》的规定，承担相应的法律责任。

如果监理单位在责任期内，不按照监理合同约定履行监理职责，给建设单位或其他单位造成损失的，属违约责任，应当向建设单位赔偿。

工程监理单位受建设单位委托进行监督，其本身行为也应受到规范和限制。

1. 工程监理单位应当依法取得相应等级的资质证书，并在其资质等级许可的范围内承担工程监理业务。禁止工程监理单位超过本单位资质等级许可的范围或者以其他工程监理单位的名义承担工程监理业务。禁止工程监理单位允许其他单位或者个人以本单位的名义承担工程监理业务。

2. 工程监理单位应当客观地执行监理任务。监理单位必须实事求是，遵循客观规律，按工程建设的科学要求进行监理活动。公正地执行监理任务是指监理单位执行监理任务时要公平、正直，平等地对待各方当事人。没有偏私，真实、合理地进行监督检查，提出意见，为建设单位服务。这是对工程监理单位执行监理任务的基本要求。

3. 由于工程监理单位与被监理工程的承包单位以及建筑材料、建筑构配件和设备供应单位之间是一种监督与被监督的关系，为了保证工程监理单位能客观公正地执行监理任务，工程监理单位不得与被监理工程的承包单位以及建筑材料、建筑构配件和设备供应单位有隶属关系或者其他利害关系。

这里的隶属关系是指工程监理单位与被监理工程的承包单位以及建筑材料、建筑构配件和设备供应单位有母子公司关系等。其他利害关系是指其他经济利益关系如参股、联营等关系。当出现工程监理单位与被监理工程的承包单位以及建筑材料、建筑构配件和设备供应单位有隶属关系或者其他利害关系的情况时，工程监理单位在接受建设单位委托前应当自行回避。在接受委托后发现这一情况时，应当依法解除委托关系。

4. 建设单位将监理业务委托给工程监理单位，是建设单位对该工程监理单位的信誉和监理能力的信任，工程监理单位接受委托后，应当自行完成工程监理任务，不允许将工程监理任务转让委托给其他工程监理单位。

如果由于业务太多或其他原因，工程监理单位无法完成该工程监理业务时，工程监理单位应当依法解除委托关系，由建设单位将该建筑工程的监理业务委托给其他具有相应资质条件的工程监理单位。

5. 工程监理单位必须全面、正确地履行监理合同约定的监理义务，对应当监督检查的项目认真、全面地按规定进行检查，发现问题须及时要求施工单位改正。

如在工程质量控制过程中，工程监理单位应当对工程原材料、构配件及设备在使用前进行抽检或复试，其试验的范围应按有关规范、标准的要求确定；在分项工程施工过程中，应对关键部位随时进行抽检，抽检不合格的应通知施工单位整改等。只有这样，才能保证监理任务按合同约定完成。工程监理单位不按照委托监理合同的约定履行监理义务，对应当监督检查的项目不检查或者不按规定检查，给建设单位造成损失的，应当承担相应的赔偿责任。

工程监理单位承担赔偿责任的两个条件。违反合同，监理工作失职；造成损失，包括直接损失和间接损失。

工程监理单位的赔偿责任的范围和大小。承担相应的赔偿责任，一是指在建设单位委托的范围内，由于监理单位过失造成损失的，工程监理单位均应当做出相应的赔偿；二是根据其过失责任的轻重、造成损失的大小，确定其因工作过失应赔偿的数额。

工程监理单位与承包单位均受建设单位的委托，从事监理活动和施工活动，两者应该严格按照建设单位与其签订的合同履行各自的义务，相互之间是一种监督与被监督的关系。

工程监理单位应客观、公正地按合同约定执行监理任务，不得与承包单位相互勾结，为承包单位谋取非法利益，造成建设单位损失。工程监理单位与承包单位串通，为承包单位谋取非法利益，是一种严重和故意违法行为，不仅要承担民事责任，而且要承担相应的行政责任、刑事责任。

工程监理单位与承包单位承担连带赔偿责任，是指建设单位可以对工程监理单位和承包单位中一个单位或两个单位同时或先后请求全部赔偿，其中一个单位承担全部赔偿责任时，另一个单位对建设单位则免除赔偿责任。当一个单位承担全部赔偿责任时，有权向另一个单位请求偿还应由另一个单位承担赔偿责任的费用。这样的规定有利于保护建设单位的合法权益。

（三）勘察、设计单位的质量责任和义务

1. 从事建设工程勘察、设计的单位应当依法取得相应等级的资质证书，并在其资质等级许可的范围内承揽工程。禁止勘察、设计单位超越其资质等级许可的范围或者以其他勘察、设计单位的名义承揽工程。禁止勘察、设计单位允许其他单位或者个人以本单位的名义承揽工程。勘察、设计单位不得转包或者违法分包所承揽的工程。

2. 勘察、设计单位必须按照工程建设强制性标准进行勘察、设计，并对其勘察、设计的质量负责。注册建筑师、注册结构工程师等注册执业人员应当在设计文件上签字，对设计文件负责。

3. 勘察单位提供的地质、测量、水文等勘查成果必须真实、准确。

4. 设计单位应当根据勘察成果文件进行建设工程设计。设计文件应当符合国家规定的设计深度要求,注明工程合理使用年限。

5. 设计单位在设计文件中选用的建筑材料、建筑构配件和设备,应当注明规格、型号、性能等技术指标,其质量要求必须符合国家规定的标准。除有特殊要求的建筑材料、专用设备、工艺生产线等外,设计单位不得指定生产厂家、供应商。

6. 设计单位应当就审查合格的施工图设计文件向施工单位做出详细说明。

7. 设计单位应当参与建设工程质量事故分析,并对因设计造成的质量事故提出相应的技术处理方案。

（四）施工单位的质量责任和义务

1. 施工单位应当依法取得相应等级的资质证书,并在其资质等级许可的范围内承揽工程。禁止施工单位超越本单位资质等级许可的业务范围或者以其他施工单位的名义承揽工程。禁止施工单位允许其他单位或者个人以本单位的名义承揽工程。施工单位不得转包或者违法分包工程。

2. 施工单位对建设工程的施工质量负责。施工单位应当建立质量责任制,确定工程项目的项目经理、技术负责人和施工管理负责人。

建设工程实行总承包的,总承包单位应当对全部建设工程质量负责;建设工程勘察、设计、施工和设备采购的一项或者多项实行总承包的,总承包单位应当对其承包的建设工程或者采购的设备质量负责。

3. 总承包单位依法将建设工程分包给其他单位的,分包单位应当按照分包合同的约定对其分包工程的质量向总承包单位负责,总承包单位与分包单位对分包工程的质量承担连带责任。

4. 施工单位必须按照工程设计图纸和施工技术标准施工,不得擅自修改工程设计,不得偷工减料。施工单位在施工过程中发现设计文件和图纸有差错的,应当及时提出意见和建议。

5. 施工单位必须按照工程设计要求、施工技术标准和合同约定,对建筑材料、建筑构配件、设备和混凝土进行检验。检验应当有书面记录和专人签字,未经检验或者检验不合格的,不得使用。

6. 施工单位必须建立、健全施工质量的检验制度,严格工序管理,做好隐蔽工程的质量检查和记录。隐蔽工程在隐蔽前,施工单位应当通知建设单位和建设工程质量监督机构。

7. 施工人员对涉及结构安全的试块、试件以及有关材料,应当在建设单位或者工程监理单位监督下现场取样,并送具有相应资质等级的质量检测单位进行检测。

8. 施工单位对施工中出现质量问题的建设工程或者竣工验收不合格的建设工程,应当负责返修。

四、成品保护

(一)结构阶段的成品保护

1. 钢筋工程成品保护

(1) 在钢筋加工制作,焊接接头冷却时,不得接触积水或雨水,以防钢筋成品存在接头隐患。

(2) 加工成型的钢筋在存放和吊运过程中,要选择合理的搁垫点或吊点,以防发生较大变形。

(3) 钢筋绑扎完工后,将多余的钢筋、扎丝及垃圾清理干净,严禁踩踏已绑好的钢筋,在部分易踩踏部位的板面筋处设置支撑筋搁垫。

(4) 接地及预埋等焊接不能有咬口、烧伤钢筋现象,梁柱节点等钢筋密集区在钢材加工制作前应编制详细的节点绑筋指导书,严禁私自烤弯及割断钢筋。

(5) 后一道工序的模板支设不能随意割断及拆除钢筋。涂刷隔离剂不能污染钢筋,模板支设过程中及时清理作业面的垃圾。钢管、模板堆放时,不得直接压在成型钢筋上。

(6) 现浇板面钢筋绑扎完成后,不得踩压钢筋。

(7) 墙体模板涂刷隔离剂后要用棉丝将多余隔离剂擦除,顶板模板隔离剂采用水乳剂,防止污染钢筋。

(8) 绑扎钢筋时,禁止碰动预埋件和预留洞口模板。

(9) 安装专业管线时,不得随意切断钢筋。

(10) 在钢筋绑扎过程中,注意与专业工种密切配合,安装预留套管时不得随意切断或碰撞钢筋。专业设备孔洞预留要齐全,位置要准确,避免事后剔凿混凝土。

(11) 楼板钢筋绑扎后及时铺设马道,浇筑混凝土时设专人修筋,边浇混凝土边逐段拆除马道。为了防止在浇筑混凝土时污染柱内主筋,可采用塑料套管,预防钢筋混凝土污染。

2. 模板工程成品保护

(1) 表面离层脱皮的胶合大模板不得使用。

(2) 墙板及框架梁、柱模板支设前须先画出模板图，并由项目总工程师根据浇混凝土侧压计算确定模板加固方案。

(3) 模板支设时不得在承重架和平台模板上集中堆放重物。模板支模成型后，及时清理干净板面多余材料。

(4) 安装预留、预埋在支模时配合进行，不得随意在模板上开孔穿管。

(5) 梁板底模板拆除时，经土建工程师核算混凝土强度符合规范要求后方能进行。不得从高空往下投掷，已组装好的模板不得受抛掷物或吊件冲击。

(6) 浇筑混凝土时，不准用振捣棒撬动模板，以防模板变形或松动。

(7) 模板安装成型后派专人保护，并在浇筑混凝土前检查复核模板安装质量，浇筑混凝土时水平运输道不得搁置在侧模上。

(8) 采用泵送混凝土时，活动泵管不得直接靠压于框架模板上。连接泵管在管路弯折处加强支撑和拉结，以防过大冲击力撞坏模板。

(9) 模板一律采用脱模剂，不得漏刷积液，在钢筋绑扎前涂刷均匀。

3. 混凝土工程成品保护

(1) 混凝土浇筑完成后，及时清理模板及下层楼面散落的混凝土或砂浆。

(2) 混凝土未达到规定强度时，不得上人作业。

(3) 混凝土终凝后达到规定强度，楼面堆放材料应分散均匀，尽量轻放。

(4) 混凝土强度达到规范要求后，方可拆除模板。

(5) 混凝土施工时，遇到雨天须及时做好防范措施。

(6) 夏季施工时为了防止混凝土水分蒸发、收缩产生裂缝，必须及时敷盖草袋，进行湿润养护，并且养护时间不少于7天。采取有效措施，确保大体积混凝土内外温差控制在25℃以内。

(7) 在混凝土结构拆模后，楼梯踏板可采用废旧的竹胶板或木模板保护，楼梯角处用$\varphi 10$圆钢防止破损；门窗洞口、预留洞口、墙体及柱阳角在养护后采用废旧的竹胶板或木模板作护角保护。采用在柱角、墙角、楼梯踏步、门窗洞口处钉50mm×15mm的防护木板条。柱、墙防护高度为1.5m。

(8) 混凝土浇筑完毕后，凝固之前严禁上人踩踏。

(9) 混凝土强度达到1.2MP时，方可进行操作并安装支架和模板。

(10) 操作时不得踩踏钢筋，如发生钢筋变形移位，要及时修好。

(11) 拆模过程中要轻轻敲动模板表面使之松动，拆除后发现模板不平或存在缺陷要及时修理；脱模剂要涂刷均匀。

（12）楼板上不得集中堆放重物，施工荷载不得超过设计允许荷载。顶板模板支设时，底部要垫脚手板或长木方。顶板模板拆除时防止硬撬、硬砸，破坏楼面混凝土。

4. 脚手架工程成品保护

（1）在作业中，禁止随意拆除脚手架的基本构架杆件、整体性杆件、连接紧固件和连墙件。确因操作要求需要临时拆除时，必须经主管人员同意，采取相应弥补措施，并在作业完毕后及时予以恢复。

（2）在脚手架的作业完成后，必须将架上剩余材料物品移至上（下）步架或室内；每日收工前应清理架面，将架面上的材料物品堆放整齐，垃圾清运出去；在作业期间，应及时清理落入安全网内的材料和物品。在任何情况下，严禁在脚手架上向下抛掷材料物品和倾倒垃圾。

（3）冬期施工期间，在霜雪天过后要及时对脚手架进行清扫，并要采取防滑措施。

（二）装修阶段的成品保护

1. 装饰工程成品保护

（1）抹灰前必须事先把门窗框与墙连接处的缝隙用水泥砂浆嵌塞密实，门口钉设木板保护。

（2）要及时清扫干净残留在门窗框上的砂浆。铝合金门窗框必须有保护膜，并保持到临近竣工需清擦玻璃为止。

（3）推小车或搬运东西时，要注意避免损坏口角和墙面。抹灰用的大杠和铁锹不要靠在墙上，严禁蹬踩窗台，防止损坏其棱角。

（4）拆除脚手架要轻拆轻放，拆除后材料码放整齐，不要撞坏门窗、墙角和口角。

（5）要保护好墙上的预埋件、窗帘钩、通风箅子等。墙上的电线槽、盒、水暖设备预备洞等不要随意抹死。

（6）抹灰层凝结前，应防止快干、水冲、撞击、振动和挤压，以保证灰层有足够的强度。

（7）要注意保护好楼地面面层，不得直接在楼地面上抹灰。

2. 腻子工程成品保护

（1）不能污染门窗油漆及已做完的饰面层。

（2）已完成的墙面应做好成品保护工作，防止其他工序对成品的污染及损坏。

（3）墙面检修时，应注意已安装好的电门、灯具等电气产品及设备管道的保护，严防刷浆时造成污染。

（4）为减少污染，应事先将门窗口保护起来再进行大面积涂刷。

（5）刷涂料前应对已完成的地面面层进行保护，严防涂料造成污染。

（6）油工的墙、地应事先进行遮盖和保护后再涂刷。

（7）移动浆桶等施工工具严禁在地面上拖动，防止损坏地面面层。

3. 门窗工程成品保护

（1）木门框安装后应用厚铁皮保护，其高度以手推车车轴中心为准。

（2）门窗框进场后应妥善保管、入库存放。其门窗存放架下面应垫起离开地面30cm并垫平，按其型号及使用的先后次序码放整齐；露天临时存放时上面应用苫布盖好，防止日晒、雨淋。

（3）进场的木门窗框应将靠墙的一面刷木材防腐剂，其余各面刷一道清油，防止受潮后变形。钢门窗进场后，按规格、型号分类堆放，挂牌并标明其规格、型号和数量，用苫布盖好，严防乱堆乱放，防止钢窗变形和生锈。铝合金门窗要入库存放，下边要垫起、垫平，码放整齐。

（4）安装门窗时要轻拿轻放，防止损坏成品；修整门窗时不能硬撬，以免损坏扇料和五金。铝合金门窗保护膜要检查完整无损后再进行安装，安装后要及时将门框两侧用木板条捆绑好，并禁止从窗口运送任意材料，防止碰撞损坏。

（5）安装门窗扇时，注意防止碰撞抹灰口角和其他装饰好的成品面层。

（6）已安装好的门窗扇如不能及时安装五金，要派专人负责管理，防止刮风时损坏门窗及玻璃。

（7）严禁将窗框、窗扇作为架子的支点使用，防止搬动脚手板时砸碰和损坏门窗框、扇。

（8）小五金的安装型号及数量要符合图纸要求，安装后要注意成品保护，喷浆时要遮盖保护，以防污染。

（9）门窗装好后不得在室内推车，防止破坏和砸碰门窗。

（10）抹灰时，残留在钢门窗框扇上的砂浆要及时清理干净。

（11）铝合金门窗的保护膜应在交工前撕去，且注意轻撕，不可用开口铲，防止将表面划伤，影响美观。

（12）铝合金门窗表面如有胶状物时，应使用棉丝沾专用溶剂擦拭干净，如发现局部划痕，可用小毛刷沾染色液进行涂染。

（13）门窗运输应有可靠包装，装卸时保证不被损坏。

（14）门窗必须存放在库房，地面上垫方木，高度为20cm。按型号、规格分类编号放置整齐，并做好标识。

（15）铝合金门窗进场后，保护膜不得撕掉及损坏，以防止水泥砂浆的腐蚀和污染。

（16）木门框安装后，要在1.2m以下用多层板将框周围包钉好，防止碰撞破坏。给木门刷油漆时应将五金件用纸胶带或塑料布包裹好，门套与墙面交接处贴纸胶带，以防止油漆对五金件及墙面造成污染，对滴在地面上的油漆要及时擦干净。涂刷油漆后、漆膜未干前要安排人看护，防止触摸。

（17）每天收工或在风天施工时要及时将门窗关闭好，以防止门窗玻璃被打碎和门窗框松动、变形。

4. 外墙保温工程成品保护

（1）施工中各专业工种应紧密配合，合理安排工序，严禁颠倒工序作业。

（2）对保温墙体做好保护层后，不得随意在墙体上开凿孔洞；如确实需要，应在聚合物改性砂浆保护层达到设计强度后方可进行，安装物件后其周围应恢复原状。

（3）应防止重物或尖物损伤破坏。

5. 水电安装工程成品保护

（1）管道工程施工完成后要及时进行灌水打压、调试。打压时派专人看管并准备水桶在滴漏处接漏，打压完成后用橡皮管有组织地排水。

（2）配电间施工完毕后及时安装门窗并上锁，设备仪表安装后用防潮铁箱进行封闭上锁，并派专人看管。安装的配电箱首先安装其底座，其他库存保管，设备安装接线完毕应及时落锁。

（3）卫生间在交工前不得使用，土建完工后及时上锁，并在房间内贴警示标志。

（4）对于易丢失的元器件如启辉器、蓄电池、开关、插座等可暂不安装待后期统一安装，安装完毕及时与业主办理交接，另外，在未交接前应派专职人员24小时巡查。

（5）对于卫生洁具类用品，安装完后应用草袋或塑料纸等将其围护起来，以防后期施工中的人为损坏。

（三）特殊部位的成品保护

1. 测量定位保护

定位桩采取桩周围浇筑混凝土的方法固定，搭设保护架，悬挂明显标志以提示，水准引测点尽量引测到周围旧建筑物上或围墙上，标识明显，不准堆放材料遮挡。

2. 土方工程成品保护

基槽开挖完毕后，为防止基层土层扰动，要尽快进行钎探，及时进行垫层和基础施工。

3. 楼地面工程成品保护

（1）整体楼地面工程施工时，要加强对水电的种类管线、木门框的核对验收，防止事后剔凿。

（2）整体楼地面面层压光后，要加强养护和封闭保护，养护期间严禁上人施工，强度未达到一定程度前严禁在其上面拌制砂浆。为防止墙面涂料、油漆对地面的污染，在其上层覆盖一层木屑进行成品保护。

（3）楼地面基层、面层施工时，地漏口要临时封闭，严防水泥砂浆和杂物掉入管内堵塞管道，影响排水。

（4）地面施工时，水泥砂浆不得污染已完工的地面或其他装饰；如发生水泥砂浆污染，应立即擦净。

（5）新铺设的地面要临时封闭通道，以防踩坏，并严禁在已完工的地面上拌和水泥砂浆或堆放水泥、砂、石等物料。

（6）楼梯施工完毕后，为保证踏步不缺棱掉角，要铺设木板进行保护。

（7）所有木梯、架子脚部均要包缠海绵，软脚落地，铁梯不准进入已装修好的楼地面。

4. 砌体成品保护

（1）砌块进场按要求堆放整齐，运输时轻拿轻放，缺棱掉角的砌块作半砖使用。

（2）墙体一次性砌筑高度不能大于规范要求，砌体完工后按要求进行养护，雨期施工按要求进行覆盖保护。

（3）管道安装及电线敷设，待墙体砌筑砂浆达 75% 以上设计强度方能开孔开槽。

（4）需预留、预埋的管道铁件、门框等与砌体有机配合，墙体因变更后开门洞须经土建工程师同意并采取有效加固措施后方可进行。

（5）设备吊装时严禁撞击墙体。砌体完成后应及时清理干净，保证外观质量，不得随意开槽打洞或用重物重锤撞击。

5. 顶棚抹灰成品保护

（1）合理安排施工顺序，应避免在顶棚抹灰后遭受施工撞击、振动和污染。

（2）管线安装配合，安装照明管线等项作业时，应小心细致，避免弹线钻孔错位。所用工具和材料应洁净，严禁抹灰后再猛打猛凿、开槽打洞。

（3）搭拆脚手架、跳板时，应小心轻放，不得碰撞顶棚或造成大的振动。

6. 墙面抹灰成品保护

（1）外墙抹灰在高温季节时应防止暴晒，造成抹灰脱水过快。在凝结过程中，面层遇雨应遮盖，将跳板移到脚手架外立柱方向斜靠，防止溅水污染。

（2）通道和进出口处的抹灰面层做好后，应采取围护措施，并不得在室内地面拌和砂浆，以免溅污墙面。高级抹灰污损的部位应使用塑料薄膜保护。

（3）清理垃圾时，应从垃圾道或盛在容器内向下转运，不得从窗口、阳台处向下倾倒。

（4）管道试水应派专人在试水完毕后拧紧全部开关。交工前清洗楼地面时，应使用拖把蘸水擦洗，不得用水管直接冲洗，以防污水四处漫流。

（5）拆除和转运脚手架时，应轻拆轻放，不得乱丢乱扔。

7. 外墙保护

（1）外墙装饰已完成，在室内装饰施工时，应采取粘贴报纸或挂板进行保护。

（2）若涉及外墙搭设架子，则应注意不得破坏外墙饰面材料，更不能碰撞玻璃幕墙；架子拆除时应清理外墙的垃圾油污，防止钢管划伤装饰面。

（3）室外吊运材料或设备时应采取必要的措施，并由专人指挥，严禁出现吊件撞墙事故。

8. 屋面工程成品保护

（1）保温层成品保护

保温层施工完成后，应及时铺抹找平层，以减少受潮和进水；尤其在雨期施工，要及时采取措施。

在已铺好的松散、板状或整体保温层上不得直接行走小车，应垫脚手板；保温层未干硬之前不得堆放重物或受冲击振动。

穿过保温层的管道、设备等应事先安装完毕并封闭严密，保温层完工后禁止在其上凿洞打眼。

（2）找平层成品保护

水泥砂浆找平层施工完成后，所有操作工具和剩余材料应及时运走，不得堆积在找平层上或天沟内，水泥砂浆找平层施工完成后、未凝固硬化前，表面不应踩踏。找平层完工后应对水落口、分格缝或排气孔、排气道等杂物予以清除，并应采取遮盖保护措施，以免堵塞或损坏。

（3）防水层成品保护

①应对铺贴好的防水层及时采取保护措施，防止损坏；施工遗留在屋面的杂物应及时清理。

②操作人员不得穿带钉子的鞋作业；涂膜防水层施工后、未固化前不允许上人行走踏踩，以免损坏防水层，造成渗漏。

③穿过屋面、地面、墙面等处已固定好的管根，应加以保护，施工过程中不得碰损变位。

④地漏、落水口等处应保持畅通，施工中应采取保护措施。

⑤清理屋面垃圾杂物时，应通过垂直运输设备装走，不得将杂物用铁铲往下抛撒，以免损坏和沾污饰面。

⑥防水施工前要清扫干净，防止石粒和杂物将雨水口、雨水管堵塞。

⑦防水施工完成后，要及时将防水保护层做好，防止破坏。

⑧在施工中运送材料的手推车支腿应用遮布或胶皮包扎好，防止将防水层刮破，并安排防水人员随时检查，一旦发现有刮破，要及时进行修补。

⑨在施工防水时，要注意防止对屋面及其他已做完墙面的污染。

⑩落水口处在施工时，要做临时封闭，防止管内堵塞。

9. 卫生洁具成品保护

（1）卫生洁具安装时要与土建装修施工相交叉，因此，卫生洁具应在墙地面镶贴工程、吊顶工作、厕浴间门完成后进行安装。

（2）卫生洁具安装完成后，用塑料布和硬纸壳覆盖并用胶带封好，以防止施工人员的大、小便及建筑垃圾的浸入，防止其他工序施工时的污染和损坏；成品完成后移交给土建成品保护专职人员看护。

（3）卫生洁具安装完毕后，不准在上面蹬踏作业。

10. 其他项目成品保护

（1）栏杆扶手均包海绵保护，所有五金、墙上的开关线盒均贴胶带纸保护。

（2）严禁在窗台、窗框上铺设钢管、脚手板作业。

（3）在砌筑工程中，水电专业要及时配合预埋管线，防止事后剔凿墙面。

（4）灯具、面板、吊顶安装时要戴清洁的白手套，以保持墙面、顶棚的清洁。

（5）涂料、油漆施工前将地面清理干净，用塑料布或报纸将地面覆盖，并在门窗框与墙面和五金交界处粘贴纸胶带，防止污染。

11. 制成品保护

由厂家直接生产出厂运至工地的产品应保护，如电机、木门、金属构件及其他进场的装饰品。

（1）场地堆放要求

地基平整、排水良好，必要时采用横木搁置，或根据制成品本身要求，防潮存放。所有成品按指定位置堆放，以便于运输。

（2）成品堆放控制

各成品分类、分规格堆放整齐、平直，下垫垫木；对于可叠层堆放的构件堆放高度及搁置部位应符合图集及规范要求，保证构件水平且各搁置点受力均匀，以防变形损坏；侧向堆放除垫木外还需加设斜向支撑以防倾覆。成品堆放做好防霉、防污染、防锈蚀措施。

（3）成品运输

①成品运输时应计算好装车宽度、高度及长度，运输时捆扎牢固、开车平稳；装卸车时做到轻装轻卸。

②吊运砂浆采用自卸吊桶，吊运砌块等采用吊箱。

③钢筋吊运时合理布置吊点，防止吊件变形过大。

12. 半成品保护

（1）场地要求

地基平整、干净、牢固、干燥、排水通风良好、无污染；成品堆放地应做好防霉、防污染、防锈蚀措施；所有半成品应按方案指定的位置进行堆放，方便运输。

（2）成品堆放控制

分类、分规格堆放整齐、平直，下垫垫木；叠层堆放的，上、下垫木；水平位置上下应一致，防止变形损坏；侧向堆放除垫木外应加撑脚，防止倾覆。成品上不得堆放其他物件。

（3）成品运输

要做到车厢清洁、干燥，装车高度、宽度、长度符合规定，堆放科学合理；装卸车做到轻装轻卸，捆扎牢固，防止运输及装卸时散落、损坏成品。

五、常见的客户敏感质量问题

（一）总平面设计

1. 标高

（1）道路标高坡向与雨水进水口位置不符。道路面层标高设计时应向雨水进水口方向找坡（0.5%~1%），并在施工时多加注意。

（2）园路井盖高低不平和有缺损。园路、窨井要统一标高，使园路和窨井混凝土同时浇筑。

2. 流线设计

住宅出入口未设置人车分流专用通道，造成交通安全隐患；当住户大堂与流量大的商业服务空间临近时，问题尤其突出。

3. 间距

（1）建筑平面锯齿错位过大，影响采光。

（2）搭建的售楼处与住宅间距太近，影响采光。

4. 绿化

（1）种植树种过高，影响采光。

（2）前期环境部分设计时应考虑设计灌溉点，绿化设计选用的某些植物生长期短，物业为便于管理往往进行普遍更换。

5. 物业管理、垃圾收放点等附属用房设置

（1）未设置管理用房或太隐蔽。

（2）总图中未考虑垃圾收放点、垃圾中转站的设置；垃圾站附近应考虑上下水，以便清理。

（3）箱式变电在总图中要综合考虑，不要影响美观。

6. 儿童游戏场

儿童游戏场设计时未考虑的不安全因素如下：

（1）游戏场内的城堡及周边有坚硬的石头，儿童容易受伤。

（2）秋千设置不合理，没有考虑活动空间，儿童容易撞到硬物。

7. 道路

（1）小区内道路设计要一次到位，后加时易引起客户纠纷。

（2）园区内的道路应考虑搬家车辆能够进出。

（3）园区内的道路应设马路牙，否则草坪高于路面时，雨天泥水易流到路上。

（4）混凝土割缝不及时，造成道路裂缝——应根据温度、气候变化及时调整割缝时间。

（5）停车位出现下沉——应加强现场管理，开槽埋管后按规范要求进行，分层夯实。

（6）小区园路出现横向裂缝——园路施工应每隔4~6m留伸缩缝。

（7）道路混凝土半角出现裂缝；窨井周边混凝土出现裂缝——应加设防裂钢筋和角隅钢筋。

（8）混凝土路面起砂、剥落——混凝土抹面时应严禁在混凝土表面洒水或撒水泥；对已出现的裂缝可采用1∶2水泥砂浆修补。

（9）机动车道上的排水沟盖板未选用带胶边的铸铁产品而采用水泥盖板，汽车开过时噪声大，并且易碎裂。

8. 其他问题

（1）化粪池、下水道位置距建筑主体太近，维修开挖时导致建筑沉降，维护成本高，设计时应考虑足够的间距。

（2）部分管线埋深过浅。

（二）单元户型设计

1. 厨房

（1）厨房未设排烟道，油烟直接排入采光井或生活阳台，使洗衣机及晾晒的衣物受到污染，且油烟从窗户进入室内，影响居住环境。

（2）设有洗衣机位的厨房未设地漏，无法排水。

（3）厨房详图的布置未重点核对，橱柜、吊柜、洗菜池、炉灶、抽油烟机、排烟道、冰箱、地漏等的位置布置不合理，橱柜布置未遵循洗、切、炒的流线且与电气、给水排水、煤气的专业图纸不一致。

（4）厨房电器插座位置设计不当，且未考虑微波炉、消毒柜的位置。

（5）北方地区部分厨房未设采暖，或散热片位置与电器插座位置相矛盾，影响使用。

（6）烟道产品不过关，住户间互相串味；部分项目烟道为单风道设计，烟道本身尺寸过小，而止逆阀深入井道尺寸过大，排烟净空很小，造成排烟不畅；烟道的倒烟现象，应从烟道种类（单烟道和双烟道）、烟道止逆阀的选择、烟道尺寸给予考虑。

（7）煤气等管线设计不合理；中高档项目未设计管道井。

2. 卫生间

（1）卫生间漏水

①排水设计时将给水管明设在浴缸底部，浴缸周边硅胶脱落或浴缸堵塞会导致浴缸底部积水造成水管严重锈蚀、沙眼从而引起渗漏。

②卫生间坡度不合理,且有反坡;地漏位置靠近门口,离浴缸或淋浴过远,造成积水。

③浴缸下面未做防水层。

④个别项目下沉式卫生间埋地给水管管材质量有问题,严重锈蚀、沙眼引起渗漏。下沉式卫生间设计增大检查漏水的难度,增加维修工作量,最好不要采用;如采用,则给水管管材采用新型管材。

⑤下沉式卫生间楼地面混凝土未采用抗渗混凝土。

⑥卫生间管道穿楼板的接口周围未用聚合物砂浆填实;防水膜不密实,有人为损伤现象,防水层面未做砂浆保护层;泛水处不够高,防水施工工艺操作不当;坡度不合理积水、原防水层开裂、粘接度低;面层施工时有损坏防水层的痕迹,造成楼板、墙角、边渗漏水严重。

(2) 大户型卫生间设计面积过小,设施与户型档次不匹配且未考虑管井设计。

(3) 暗厕未考虑通风道或通风道设计不合理,影响使用。

(4) 座厕正下方是大梁,导致无法居中安装,整改需消耗大量人工。

(5) 热水器设置在浴缸侧面中间,影响使用。

(6) 热水器管道未保温。

部分热水管过长,有的热水管从吊顶中铺设未做任何保温处理,每次使用即使将温度调到最高,仍需很长时间才有热水。

(7) 复式顶层卫生间位于卧室上方,排水设计为下排,不符合规范。

(8) 洗手台台面所用大理石的质地太差,断裂现象普遍。

(9) 马桶安装不合理

国家规范要求:预留的大便器排水管,出楼地面的甩口不得低于10mm,大便器自身排水管与预留排水管的口应紧密结合,允许误差为5mm,部分项目实地检查偏差为6cm。马桶配件差,马桶配件需全部更换,费工费时,损失极大。

(10) 地漏反臭

卫生间、厨房的排水装置中地漏的排水管未设存水弯,防臭效果不好。

3. 楼梯

(1) 进深小的楼梯间入口处梁的位置及高度设计不合理,易碰头。

(2) 楼梯未考虑防滑措施。

(3) 楼梯间内消火栓、电表箱位置不合理或两者位置相矛盾。

(4) 楼梯间等处的落地窗未设护栏,有潜在安全隐患。

（5）北方地区部分项目楼梯间未设采暖，造成与之相连的内隔墙墙体结露。

4. 屋顶

（1）屋面渗漏。屋顶未设保温隔热层，由于温差原因造成现浇钢筋混凝土变形，从而拉开防水卷材，造成屋顶有裂缝或渗水。北方地区屋面保温不够，造成冻胀，产生水平力，将屋面板和墙体拉开。北方地区冬期施工时易导致混凝土与砌体收缩不一致，温度应力造成屋面渗漏。部分工程上人屋面在 APP 防水层上浇筑 40mm 厚钢筋混凝土，整浇后再割分仓缝，易产生收缩裂缝；裂缝处进水使 APP 防水层长期浸泡在水中，APP 易老化且裂缝的开裂牵带使 APP 断裂，致使保温层积水无法排出，造成屋面渗水。

（2）雨水口数量不够或布置不合理，导致汇水面积过大、排水坡面过长、垫层过厚；雨水口过密则会造成浪费。

（3）北方地区出屋面排气管、人孔、竖井、阁楼侧墙未做保温，造成顶层房间顶棚、阁楼侧墙结露。

（4）屋顶楼梯间或水箱间没有设计铁爬梯。

（5）屋顶花池泄水管直接排向屋顶花园地面，影响使用。

（6）部分高层项目上人屋顶女儿墙高度不够，只有 900mm；必须满足净高 1 200mm（种植屋面应特别注意）。

5. 阳台

（1）北方地区生活阳台未设封窗，不便使用，且栏板及顶层阳台顶部未设保温措施，产生结露。

（2）大进深阳台挑梁高度过大，影响采光。

（3）北方地区外挑的封闭阳台底板未设保温措施，地面及室内墙角产生结露。

（4）顶层阳台未设顶板，使用不便。

（5）阳台地面坡度不合理，积水且有反坡现象。

（6）阳台门进水。铝合金平开门变形严重、密闭效果差、密封胶条不连续；铝合金推拉门防水功能较弱，进水量大。

（7）阳台门离楼地面距离未考虑留镶地板的高度，使室内完成面高于门框；影响美观且不防水。

（8）生活阳台未设计晾衣架或位置不合理，影响使用。

（9）地漏的位置不合理且与给水排水相矛盾。

（10）阳台栏杆过低且相邻阳台之间未考虑分隔栏板或栏板高度过低，互相可以走通，存在不安全因素。

6. 门

(1) 门未设门垛，不便装修且易引起墙体裂缝。

(2) 阳台门开向室内，不防风。

(3) 住户首层外檐门窗未考虑防盗设施。

7. 窗

(1) 大居室窗面积小，房间采光不够。

(2) 凸窗窗台高度小于450mm，且未设安全防护。

(3) 未设阳台的起居厅大窗开启扇只有一扇，不便空调室外安装。

(4) 窗户设计时考虑外观整体形象较多，而忽视实际居住的感受，且有的无法安纱窗；窗户可开启面积过少，不利通风。

(5) 凸窗设计时未考虑风向因素，开启不便且易漏水。

(6) 凸出窗套混凝土体渗水。外墙凸出窗套是后加混凝土体，不密实，混凝土中掺有杂物，后加混凝土体与外墙接缝处未作防水处理，打开后有孔洞、裂缝，给雨水提供了渠道。

(7) 窗框与凸混凝土体结合处渗水。窗框与凸混凝土体结合的施工缝未用防水砂浆填实、有杂物，特别是在凸窗台底板部及窗角处易渗水。

(8) 窗体本身渗水。窗体本身铝材拼缝超过0.3mm未打胶，密封胶条和密封胶局部不连续、不密闭，螺钉连接处局部未打胶；窗型较特殊，拼接较多且突出于外墙面，拼缝处处理不当易渗水；硅胶槽预留方向及框、墙间填嵌未按国家行业标准执行，框、墙间填嵌的砂浆在门窗开启震动时易产生裂缝。

(9) 北方地区通向未封阳台门没有选用保温门，产生结露。

(10) 北方地区凸窗上、下封板未设保温，与墙体交接处产生结露。

(11) 未设窗台板的窗台未留装修贴砖用的空隙。

(12) 窗檐滴水设计不当，造成平开窗开启碰撞。

8. 空调

(1) 空调位问题。若空调位距离窗户过远，则安装困难大，不安全。空调位尺寸偏小，不便安装。对于面积较大、复式的房间，业主有可能选用大功率空调，应提供较大尺寸的空调位，电源插座也应有相应设计；空调室外机位的大小应与市场最大的空调机匹配相符合，否则会使业主选购设备范围受限制。空调室外主机安装位设计不合理。部分空调室外主机位设在凸窗的窗台板下面，只能从铝窗的活动窗扇口将空调室外主机抬出去，外墙悬空，且安全绳没处拴；空调机位狭窄，安装、维护、保养、操作难度极大；空调主机本应用四个地脚螺丝加以固定，但往往只能固定外面两个，存在严重的安全隐患。有的空调板设于卫生间外墙，只能由卫生间的窗户出去安装空调主机，造成不便。

（2）外墙空调板的位置与空调孔、空调插座的位置不一致。

（3）空调室内机位于床头对面，风向不合理。

（4）采光槽内开窗未留空调孔的位置，导致空调管穿玻璃或穿行另一间房；部分项目空调管走卫生间吊顶内，安装完成调管后，扣板吊顶不易安装平整。

（5）阳台推拉门到墙边未留门垛，空调管只能穿玻璃伸出。

（6）空调管孔洞外高内低（反坡），导致雨水流进室内。

（7）部分户型空调插座与空调洞分布于对立墙面，不在同一方位，无法安装；另有部分户型空调插座和空调洞距离很远，空调管在室内转几道弯才能穿出墙，虽然也能使用，但极大地影响美观。

（8）大面积起居厅未考虑柜机机位及冷凝水的排放；部分项目柜式空调室内机位置与推拉门冲突。

（9）未设计室外机排水管，外机滴水，水从空调板直接流下；流量大时，下层无法开窗。

（10）北方地区部分项目空调器的冷凝水管插入雨水管中，出现倒流现象；雨水管冬季结冰严重，且雨水管出室内处直角弯平卧地下，易堵塞管道。

（11）空调外机设置在封闭阳台内，夏季不散热，易死机，噪声大。

（12）低档项目未考虑窗机的安装。

9. 插座及内部设施

（1）可视对讲、门铃离入户门边太近，不便装修。

（2）互联网接口设在起居厅，书房没有接口，位置设计不合理。

（3）电视线、电话插座位设置不合理。客厅电话线与电视线插座设在同一方位，电话机只能与电视机放在一起，理想的设置应是两者互在对立墙面，便于使用；书房没有电话线。

（4）高档项目起居厅未考虑音响线的埋设。

（5）电气开关插座布置在可能摆放家具的位置。

（6）建筑平面门窗的位置及开启方向与其他专业不一致，导致电气开关插座位置不合理、排水管挡住外窗或排气扇孔等问题。

10. 墙体

(1) 墙体开裂

①部分墙体设计时采用小型空心砌块，间距长且中间不设加强柱，整体墙面刚度不够；有的空心砌块收缩率大，造成墙体开裂。

②北方地区墙体保温不够，造成冻胀，产生水平力，将屋面板和墙体拉开。

③北方地区冬期施工易导致混凝土与砌体收缩不一致，温度应力造成墙体开裂。

④施工时浇注混凝土不实及温度应力造成梁、柱、墙体交接处开裂。

⑤施工时抹灰砂浆配合不当、不达标或抹灰过厚造成墙体表面龟裂。

⑥墙体保温层内置，保温层表面未进行处理就直接抹灰，造成墙体表面龟裂。

⑦部分项目为有利于业主购房时的感观效果，在抹灰层表面进行了胶水加轻钙粉抛光处理，但时间长了表面很容易产生不规则裂缝；或业主进行装修时未将轻钙粉面层铲除直接刷涂料，则涂刷的涂料易产生卷皮、脱落。

(2) 墙体渗漏、结露

①小方块形的外墙体瓷砖易粘贴不饱满、空鼓，瓷砖勾缝局部不密实，勾缝表面有小孔或裂缝，雨水进入墙体易造成渗水。

②外墙混凝土体螺杆洞渗水。在墙体抹灰之前没有将洞填密实，也没有作防水处理。

③墙体外保温设计不妥，特别是凸出墙体的重点部位未设保温，产生冷桥，局部结露；如进行装修时，墙面潮气没有排尽，结露现象则更为严重。

(3) 部分项目分户隔墙采用砌块厚度小于150mm，隔声效果不好。

(三) 公共空间设计

1. 电梯

(1) 电梯大小、数量不能满足居住人流量要求，且速度慢，等候时间过长。

(2) 密闭的电梯间没有良好的通风抽湿设施。

(3) 选用和安装高速电梯时，未注意电梯井道的气流噪声对靠近电梯的住户造成的影响；电梯机房也未进行减噪处理且未考虑通风散热。

(4) 北方地区部分项目电梯机房未设采暖保温，造成顶层住户屋顶结露。

2. 车库

(1) 地下车库或坡道净高过小，停放面包车困难；设计时一定要考虑管道的实际净高且预留施工误差量及横坡的高度。

（2）车库车位的实用数常常少于设计数，有些车位不方便或根本无法使用。

（3）车库的进出口坡道表面的粗糙程度不够，经常造成刮底盘、打滑。

（4）坡道上的排水沟沟盖板未选用带胶边的铸铁产品而采用水泥盖板，汽车开过后噪声大，并且易碎裂。

（5）雨水沟标高设计不合理，排水沟直接接入市政管道，不但排不了雨水，反而会导致市政管道的水倒流。

（6）车库照明设计未采用区域控制，照度过大，造成浪费。

（7）兼做人防的地下车库，入口处防护密闭门设计不合理或通过防护单元隔墙的通道过小，造成汽车进出不便。

（8）地下车库分隔防火单元的防火卷帘门位置不合理或高度过小，导致汽车通过困难；经常开启的防火卷帘门未采用轻质产品，易变形，难以关闭。

（9）北方地区地下车库部分项目未设计采暖，造成冬季汽车难以发动，首层地面结露。

（10）地下车库无上下水，不便保洁。

（11）地下车库未考虑货车流线，给装修管理带来困难。

3. 设备及设备用房

（1）屋顶稳压装置设置在住户顶板上，低频噪声干扰十分严重。

（2）发电机房未设计排水或排水未采用明沟，发电机房上部房间地面未进行防水设计，因排水管堵塞或上部房间漏水造成的损失将十分严重。

（3）屋顶正压送风风机未选用低噪声的型号，低频噪声干扰十分严重；供应商业用房空调主机设置不合理，对相邻住户造成噪声和热气等干扰。

（4）未设集中空调也没有考虑空调机位，后期增加困难。

（5）部分项目中央空调冷却塔控制方式设计不合理。

（6）水表房未设排水地漏和门槛。如果维修或突然爆管，水量大且无处排放，顺着楼层过道进入电梯井或业主家里将造成严重损失。

（7）设备房有低频噪声，地面、墙面、顶棚未采用隔声材料；应尽量独立，脱离住宅或采用隔声材料。

（8）变频供水设备选用不合理，由于远端压力迅速减小，楼上的住户水压太小，而楼下的水管已经压力过大，造成爆裂或漏水。

（9）对于备有多台变压器的项目，未考虑使用联络柜；如采用联络柜，可根据具体用电量，在可能的情况下报停闲置的变压器，节约开支。

（10）公共走廊未选用节能灯泡，公共走道的电灯也未采取感应开关。

（11）集中安装于热水器进水管的止回阀在每次截止时，该阀内的截水阀片对向截止撞击阀体发出清脆的响声，通过管网传到室内，直接影响人的休息。

（12）集中供冷空调补水箱采用铸铁材料，锈蚀严重，影响制冷效果且箱壁易被锈穿；建议采用不锈钢或玻璃钢材料。

（13）园区电表设置少，用电划分难度大；园区照明线路分支少，整体控制，浪费能源。

（14）变频供水系统水压稳定系数差。住宅室内给水系统最低配水点的静水压力宜为300~350kPa；大于400kPa时，应采取竖向分布。

4. 采光井、管井

（1）管井未设检查口，维修不便。

（2）采光井底层未设检查通道，不便清扫。

（3）高层管线设计未集中布置，部分项目弱电未设管井，维修不便。

5. 首层入口

（1）未设坡道，不便残疾人、婴儿车通行及用户搬运。

（2）单元入口处各种立管太多，影响美观。

（3）单元入口处未设雨篷，影响使用。

（4）部分项目入户门宽度过小，使用不便。

（5）北方地区首层大厅部分项目采暖温度不够。

（6）首层入户大堂墙面应采用可擦洗材料。

6. 游泳池

（1）有的项目游泳池设计为埋地处理，未做管沟或柔性套管，管道多次断裂，造成检修不便。

（2）游泳池的深度普遍偏深，造成水的浪费，室内温水池还造成能量浪费；由于小区游泳池无跳水要求，建议水深以1.3~1.5宜。

（3）游泳池供水管未设保护措施，容易因沉降而造成水管破裂。

7. 会所

（1）会所功能设置未根据使用者的组成考虑，一味求全或设置华而不实的项目，应突出特点以提高利用率。

（2）由于气氛不足，健身房使用率普遍低，而棋牌室、乒乓球台的使用率较高。

（3）大型会所未设计厨房，不便开展商务会议或业主租用开聚会。

8. 底商

（1）底商餐厅未设专用排烟管道，油烟无处排放，对上层住户干扰极大。

（2）底层商铺未设集中空调或无空调位，商家入驻后，只能露天安装空调，则噪声大且影响美观。

（3）底层商铺未设计专用的货运通道，货流与住户人流交叉，造成交通隐患。

9. 其他问题

（1）北方地区采用电热膜采暖时，室内潮气过大，易引起结露。

（2）高层每层未设垃圾间或垃圾间没有清洁用水龙头、地漏，不便使用及清洗。

（3）项目的外墙标志未设照明，不利于夜间识别。

（4）排水管线过长、转弯过多，有的为锐角，造成排水不畅。

（5）首层住宅排水未自成系统，与楼上共同使用，易造成堵塞。

（6）公共走道的检修口未设或太小，检修困难。

（7）每户只应安装一个水表，否则会在管理上造成困难或有违地方政策。

第二节 房地产建设项目进度控制

一、房地产建设项目进度控制概述

（一）、进度控制与进度目标

1. 进度控制的定义

进度控制是指在房地产项目建设实施过程中，运用系统、科学的方法和手段，对项目建设各阶段的工作内容、工作程序、持续时间和衔接关系根据进度总目标及资源优化配置的原则编制计划并付诸实施；在进度计划的实施过程中，检查实际进度是否偏离计划进度，对出现的偏差进行分析，采取补救措施或调整、修改原计划后再付诸实施；如此循环，直到工程竣工验收交付使用。

施工阶段是建设项目的实施阶段，进度控制是该阶段重点控制内容之一，直接影响着工期目标的实现和建设项目计划系统的有效执行。

2. 进度目标的实现条件

进度目标按期实现的首要前提是要有一个科学、合理的进度计划,这就要求必须对施工单位的进度计划进行审核,如各阶段的工期目标是否满足施工合同的要求,是否与建设方供图进度、供货进度、提供施工场地的时间等内容相一致,进度计划编制得是否合理、科学和具有可操作性等。

进度目标按期实现的另一前提是进度控制,如果项目建设进度不能按审批后的计划实施及进行有效的控制,建设单位前期预定的工期、质量及投资目标等均将难以实现。

3. 建设项目的进度、质量和投资三大目标控制的关系

建设项目的进度、质量和投资三大目标控制的关系是相互影响和统一的。

在一般情况下,加快进度、缩短工期将会引起投资的增加(当在合理、科学施工组织的情况下,投资将不增或少增),但由于建设项目提前竣工,就可尽早获得预期的效益;对质量标准的严格控制极有可能影响进度,但对质量严格控制而不致返工,不仅保证了建设进度,也保证了工程的质量标准及对投资费用的有效控制。

在工程实施过程中,项目的进度受许多因素的影响,不管进度计划的周密程度如何,毕竟只是人们的主观设想,必然会因为新情况的产生、各种干扰因素和风险因素的作用而发生变化,使人们难以执行原定的进度计划。为此,进度控制人员必须掌握动态控制原理,在计划执行过程中不断检查建设工程实际进展情况,并将实际状况与计划安排进行对比,从中得出偏离计划的信息。然后在分析偏差及其产生原因的基础上,通过采取组织、技术、经济等措施,维持原计划,使之能正常实施。如果采取措施后不能维持原计划,则需要对原进度计划进行调整或修正,再按新的进度计划实施。这样在进度计划的执行过程中进行不断的检查和调整,可以保证工程建设进度得到有效的控制。

(二)影响工程建设进度的因素

由于房地产建设项目具有规模庞大、工程结构与工艺技术复杂、建设周期长及相关单位多等特点,决定了工程进度将受到许多因素的影响。要想有效地控制工程进度,就必须对影响进度的有关因素进行全面、细致的分析和预测。这样,一方面可以促进对有利因素的充分利用和对不利因素的妥善预防;另一方面也便于事先制定预防措施,事中采取有效对策,事后进行妥善补救,以后进行妥善补救,以缩小实际进度与计划进度的偏差,实现对建设工程进度的主动控制和动态管理。

影响工程建设进度的不利因素有很多,如人为因素,技术因素,设备、材料及构配件

因素、机具因素、经费因素、水文、地质与气象因素以及其他自然与社会环境等方面的因素。

正是由于上述因素的存在影响了施工进度，才使得施工阶段的进度控制显得非常重要。当然，上述某些影响因素，如自然灾害等是无法避免的，但在大多数情况下是可以通过有效的方法而得到控制的。

（三）工程建设进度控制的任务

施工阶段工程建设进度控制的主要任务是通过完善工程建设控制性进度计划、审查施工单位施工进度计划、做好各项动态控制工作、协调各单位关系、预防和处理好工期索赔，以求实际施工进度达到计划施工进度的要求。

为完成施工阶段进度控制任务，应当做好以下工作：

（1）根据施工招标和施工准备阶段的工程信息进一步完善建设工程控制性进度计划，并据此进行施工阶段进度控制。

（2）审查施工单位施工进度计划，确认其可行性并满足建设工程控制性进度计划要求。

（3）制订建设方材料和设备供应进度计划并进行控制，使其满足施工要求。

（4）审查施工单位进度控制报告，督促施工单位做好施工进度控制。

（5）对施工进度进行跟踪，掌握施工动态。

（6）研究制定预防工期索赔的措施，做好处理工期索赔工作。

（7）在施工过程中，做好对人力、材料、机具、设备的投入控制工作以及转换控制工作、信息反馈工作、对比和纠正工作，使进度控制定期连续进行。

（8）召开进度协调会议，及时协调有关各方关系，使工程施工顺利进行。

（四）工程建设进度控制的措施

工程建设项目的各个阶段都与进度控制有着密切联系，就工程建设的全过程来看，进度控制的重点是项目的实施阶段。为此，必须根据工程建设项目的具体情况，认真制定控制措施，以确保工程建设项目进度目标的实现。工程建设进度控制措施具体又分为组织措施、技术措施、经济措施和合同措施。

1. 组织措施

组织措施是指从目标控制的组织管理方面采取的措施，如落实目标控制的组织机构和人员，明确各级目标控制人员的任务和职能分工、权力和责任，改善目标控制的工作流程等。组织措施是其他措施的前提和保障，而且一般不需要增加什么费用，只要运用得当就可以收到良好的效果。这类措施可能成为首选，故应引起足够的重视。

2. 技术措施

技术措施不仅对解决工程建设实施过程中的技术问题是不可缺少的，而且对纠正目标偏差也有相当重要的作用。任何一个技术方案都有基本确定的经济效果，不同的技术方案就有着不同的经济效果。因此，运用技术措施纠偏的关键，一是要提出多个不同的技术方案；二是要对不同的技术方案进行技术经济分析。在实践中，要避免仅从技术角度选定技术方案而忽视对其经济效果的分析论证。

3. 经济措施

经济措施是最易被人接受和采用的措施。需要注意的是，经济措施绝不仅仅是审核工程量及相应的付款和结算报告，还需要从一些全局性、总体性的问题上加以考虑，这样往往可以取得事半功倍的效果。另外，经济措施不应仅仅局限在已发生的费用上，通过偏差原因分析和未完工程投资预测，可发现一些现有和潜在的问题将引起未完工程的投资增加，对这些问题应以主动控制为出发点，及时采取预防措施。

4. 合同措施

由于工程建设要以合同为依据，因此，合同措施就显得尤为重要。对于合同措施要从广义上理解，除拟订合同条款、参加合同谈判、处理合同执行过程中的问题、防止和处理索赔等措施外，还要确定对目标控制有利的工程建设组织管理模式和合同结构，分析不同合同之间的相互联系和影响，对每一个合同进行总体和具体分析等。这些合同措施对目标控制具有全局性的影响，其作用也更大。另外，在采取合同措施时要特别注意合同中所规定的各个合同主体的义务和责任。

在采取进度控制措施时，要尽可能采取可对投资目标和质量目标产生有利影响的进度控制措施。如完善施工组织设计、优化进度计划等。相对于投资控制和质量控制而言，进度控制措施可能对其他两个目标产生直接的有利影响，应当予以足够的重视并加以充分利用，以提高目标控制的总体效果。

二、施工阶段进度控制的工作内容

在项目的实施过程中，建设单位除向施工单位提供所需指令、批准、图纸及履行其他约定的义务外，还应对施工进度状况实施控制。

(一) 编制施工进度控制方案

施工进度控制方案是在建设项目实施中由进度控制人员负责编制的具有实施性和操作性的业务文件,施工进度控制方案主要包括以下内容:

(1) 施工进度控制目标分解图。

(2) 实现施工进度控制目标的风险分析。

(3) 施工进度控制的主要工作内容和深度。

(4) 施工进度控制人员的职责分工。

(5) 施工进度控制有关工作的时间安排及流程。

(6) 施工进度控制的方法(包括进度检查周期、数据采集方式、进度报表格式、统计分析方法等)。

(7) 施工进度控制的具体措施(包括组织措施、技术措施、经济措施及合同措施等)。

(8) 尚待解决的有关问题。

(二) 编制或审核施工进度计划

为了保证建设项目施工任务按期完成,建设单位必须审核施工单位提交的施工进度计划。对于大型建设项目,由于单项工程多、施工工期长,在采取分期分批发包、又没有一个负责全部工程的总承包单位时,建设单位就要负责编制施工的总进度计划。总进度计划应确定分期分批的项目组成,各批工程项目的开工、竣工顺序及时间安排,全场性准备工作特别是首批准备工作的内容与进度安排等。

当建设项目有总承包单位时,只需对总承包单位提交的施工总进度计划进行审核即可;而对于单位工程施工进度计划,工程师只负责审核而不负责编制。

如果在审查施工进度计划的过程中发现问题,应及时向承包单位提出书面修改意见(也称整改通知书),并协助承包单位修改。

应当说明,编制和实施施工进度计划是承包单位的责任。承包单位之所以将施工进度计划提交给建设单位审查,是为了听取建设单位的建设性意见。因此,建设方对施工进度计划的审查或批准,并不能解除承包单位对施工进度计划的任何责任和义务。另外,对建设方来讲,其审查施工进度计划的主要目的是防止承包单位计划不当以及为承包单位保证实现合同规定的进度目标提供帮助。如果强制干预承包单位的进度安排或支配施工中所需要的劳动力、设备和材料,将是一种错误行为。

尽管承包单位向建设单位提交施工进度计划是为了听取建设性的意见，但施工进度计划经建设单位确认，即应当视为合同文件的一部分，它是以后处理承包单位提出的工程延期或费用索赔的一个重要依据。

（三）发布工程开工令

工程开工令应根据双方关于工程开工的准备情况，选择合适的时机发布。工程开工令要尽可能及时发布，如因建设单位原因不能按照协议书约定的开工日期开工，工程师应以书面形式通知施工单位，推迟开工日期；建设单位应赔偿施工单位因延期开工造成的损失，并相应顺延工期。如因施工单位不能按时开工，应当在不迟于协议书约定的开工日期前7天，以书面形式向建设单位提出延期开工的理由和要求。建设单位应在接到延期开工申请后的48小时内以书面形式答复施工单位。建设单位在接到延期开工申请后48小时内不答复，视为同意施工单位延期开工的要求，工期相应顺延。建设单位不同意延期要求或承包人未在规定时间内提出延期开工要求，工期不予顺延。

（四）监督、协助施工进度计划的实施

在工程建设项目进度计划的实施过程中，建设单位要随时了解在施工进度计划执行过程中所存在的问题，并帮助承包单位予以解决，特别是承包单位无力解决的内外关系协调问题；及时检查施工单位报送的施工进度报表和分析资料，进行必要的现场实地检查；核实所报送的已完项目时间及工程量，杜绝虚报现象。

在对工程实际进度资料进行整理的基础上，应将其与计划进度相比较，以判定实际进度是否出现偏差。如果出现进度偏差，应进一步分析此偏差对进度控制目标的影响程度及其产生的原因，以便研究对策、提出纠偏措施，必要时还应对后期工程进度计划作适当的调整。

（五）组织现场协调会

建设单位应每月、每周定期或不定期地组织召开不同层级的现场协调会议，以解决工程施工过程中的相互协调配合问题。

在每月召开的协调会上，通报项目建设的重大变更事项，协商其后果及处理、解决各个承包单位之间以及业主与承包单位之间的重大协调配合问题。

在每周召开的协调会上，通报各自的进度状况、存在的问题及下周的安排，解决施工中的相互协调配合问题。通常包括各个承包单位之间的进度协调问题，工作面交接和阶段

成品保护责任问题，场地与公用设施利用中的矛盾问题，某一方面停水、停电、断路、开挖要求对其他方面影响的协调问题以及资源保障、外协条件配合问题等。

在平行、交叉施工单位多，工序交接频繁且工期紧迫的情况下，需要每日召开现场协调会。在会上通报和检查当天的工程进度，确定薄弱环节，部署当天的赶工任务，以便为次日正常施工创造条件。

对于某些未曾预料的突发变故或问题，可以通过发布紧急协调指令、督促有关单位采取应急措施等来维护工程施工的正常秩序。

（六）签发工程进度款支付凭证

建设单位现场工程师应对施工单位申报的已完分项工程量进行核实，在通过检查验收后，签发工程进度款支付凭证。

（七）审批工程延期

造成工程进度拖延的原因有两个方面：一是承包单位自身的原因；二是承包单位以外的原因。前者所造成的进度拖延，称为工程延误；后者所造成的进度拖延，称为工程延期。

三、施工进度计划的检查与调整

（一）施工进度计划的检查

在施工进度计划的实施过程中，由于各种因素的影响，常常会打乱原始进度计划的安排而出现进度偏差。在实施过程中对进度计划进行检查，目的是要弄清楚进度计划执行的状况、进度是提前还是拖后，从中发现问题，寻找进度拖后的原因，以便采取纠偏措施。

1. 进度计划检查的内容

（1）工程形象进度的检查

检查工程现场的实际进度，并与计划进度对比，按进度管辖的组织系统，定期编写进度报告，逐级上报。

（2）施工图供应进度的检查

按施工进度的要求，检查供图单位各分部工程出图的进展情况，确定或估计供图进度是否满足施工进度的要求。

(3) 材料、构件加工供应的检查

检查订货、加工运输等工作是否满足施工进度的要求。

2. 进度计划检查的程序

在项目的实施过程中，进度控制人员应经常地、定期地跟踪检查施工实际进度情况，主要是收集施工项目进度材料，进行统计管理和对比分析，确定实际进度与计划进度之间的关系。

3. 进度计划检查的方法

进度计划检查的主要方法是对比法，即将经过整理的实际进度数据与计划进度数据进行比较，从中发现是否出现进度偏差以及进度偏差的大小。

通过检查分析，如果进度偏差比较小，应在分析其产生原因的基础上采取有效措施，解决矛盾，排除障碍，继续执行原进度计划；如果进度偏差较大，经过努力确实不能按原计划实现时，再考虑对原计划进行必要的调整。

（二）施工进度计划的调整

通过检查分析，如果发现原有进度计划已不能适应实际情况时，为了确保进度控制目标的实现或需要确定新的计划目标，就必须对原有进度计划进行调整，以形成新的进度计划，作为进度控制的新依据。

施工进度计划的调整方法主要有两种：一是通过压缩关键工作的持续时间来缩短工期；二是通过组织搭接作业或平行作业来缩短工期。在实际工作中应根据具体情况选用。

（三）施工准备概述

1. 施工准备工作的分类

(1) 按准备工作范围划分

①全场性施工准备

其是指以一个建筑工地为对象而进行的各项施工准备，是为全场性施工服务，也是兼顾单位工程施工条件的准备。

②单位工程施工条件准备

其是指以一个建筑物为对象而进行的施工准备，目的是为该单位工程施工服务，也是兼顾分部、分项工程和检验批作业条件的准备。

③分部、分项工程和检验批作业条件准备

其是指以一个分部、分项工程和检验批或冬、雨期施工工程内容为对象而进行的作业条件准备。

（2）按工程所处施工阶段划分

①开工前施工准备

其是指在工程正式开工前所进行的一切施工准备，目的是为正式开工创造必要的施工条件。

②开工后施工准备

其是指在工程开工后在各个施工阶段正式施工之前所进行的施工准备，目的仍是为施工创造必要的施工条件。

2. 施工准备工作的任务

施工准备工作的任务就是要按照施工准备工作的要求分阶段、有计划地全面完成施工准备的各项工作，保证拟建工程的施工能够连续、均衡、安全、顺利地进行，从而在保证工程质量和工期的前提下降低工程成本和提高施工效率。

（1）编制施工准备工作计划

①施工准备阶段要编制详细的计划，列出施工准备工作的内容、要求完成的时间、负责人等。由于各项准备工作之间有相互依存的关系，单纯的计划难以表达清楚，还可以编制施工准备工作网络计划，明确关系并找出关键工作。利用网络图进行施工准备期的调整，尽量缩短时间。

②施工准备工作计划应当在施工组织设计中予以安排，作为施工组织设计的基本内容之一；同时，要注重施工过程中的统筹安排。

③施工准备应与各有关单位协作配合，争取这些单位的大力支持。

（2）建立工作责任制与检查制度

由于项目多、范围广，有时施工准备工作的期限比正式施工期限还要长，因此，必须有严格的责任制。要按计划将责任明确到有关部门甚至个人，以保证按照计划要求的内容及完成时间进行工作。同时，明确各级技术负责人在施工准备工作中应负的领导责任，以便推动和促使各级领导认真做好施工准备工作。

（3）做到四个结合

①设计与施工相结合

a. 设计与施工两方面的积极配合，对加速施工准备是非常重要的。双方互通情况，通力协作，为准备工作的快速、准确创造有利条件。

b. 设计单位出图时，应尽可能按施工程序出图。对规模较大的工程和特殊工程，首先提供建筑总平面图、单项工程平面图、基础图，以便及早规划施工现场，提前现场准备；对于地下管道多的工程，先出主要的管网及交通道路的施工图，以利现场尽快实现"三通一平"（水通、电通、道路通、场地平整），便于材料进场和其他准备工作。

②室内准备与室外准备相结合

室内准备与室外准备应同时并举，相互创造条件。室内准备工作主要有熟悉施工图纸和图纸会审，编制施工组织设计、设计概算、施工图预算等。室外准备工作要加紧对建设地区的自然条件和技术经济条件进行调查分析，尽快为室内准备工作提供充分的技术资料。同时，要做好现场准备工作、现场平面布置及临时设施等，施工组织设计确定一项就准备一项，以争取节约时间。

③土建工程与专业工程相结合。施工准备工作必须注意土建工程与专业工程相配合。在明确施工任务、拟订施工准备工作的初步规划以后，应及时通知水电设备安装等专业施工单位及材料运输等部门，组织研究初步规划，协调各方面的行动。为使准备工作规划更切合实际，各有关单位都应及时做好必要准备，以利互相配合。

④前期准备与后期准备相结合

由于施工准备工作周期较长，有一些是开工前所做的，有一些是在开工后交叉进行的。因此，既要立足于前期的准备工作，又要着眼于后期的准备工作，统筹安排，把握时机。

3. 施工准备工作的主要工作内容

（1）技术资料的准备

技术资料的准备即通常所说的室内准备，即内业准备，其内容一般包括熟悉与会审图纸、签订施工合同、编制施工组织设计、编制施工图预算和施工预算。

（2）施工现场的准备

施工现场的准备即通常所说的室外准备（外业准备），其包括拆除障碍物、"三通一平"、测量放线、搭设临时设施等内容。

（3）劳动力及物资的准备

①施工队伍的准备

包括建立项目管理机构和专业或混合施工队，组织劳动力进场，进行计划和任务交底等。

②施工物资的准备

材料、构件、机具等物资是保证施工任务完成的物质基础。根据工程需要确定用量计划，及时组织货源，办理订购手续，安排运输和贮备，满足连续施工的需要。对特殊的材料、构件、机具,更应提早准备。

材料和构件除了按需用量计划分期、分批组织进场外,还要根据施工平面图规定的位置堆放。按计划组织施工机具进场,做好井架搭设、塔吊布置及各种机具的位置安排,并根据需要搭设操作棚,接通动力和照明线路,做好机械的试运行工作。

参考文献

[1] 曾德珩，刘贵. 高等学校房地产开发与管理系列教材：房地产开发与经营管理 [M]. 北京：中国建筑工业出版社，2022.

[2] 周小平，熊志刚. 房地产开发与经营：第3版 [M]. 北京：清华大学出版社，2022.

[3] 李英，周宇，杨世寨. 21世纪房地产系列教材房地产市场营销第3版 [M]. 北京：清华大学出版社，2022.

[4] 邢铭强. 房地产企业会计与税务实务操作全书 [M]. 北京：人民邮电出版社，2022.

[5] 肖艳. 房地产开发投资与经营管理案例集 [M]. 成都：西南财经大学出版社，2021.

[6] 陈林杰. 高等职业教育房地产类专业精品教材房地产开发与经营实务：第5版 [M]. 北京：机械工业出版社，2021.

[7] 夏兴林. 新时代创业管理500问 [M]. 北京：中国商务出版社，2021.

[8] 何永江. 财务报表分析 [M]. 天津：南开大学出版社，2021.

[9] 高洁，任媛. "互联网+"时代背景下的房地产企业经营管理创新研究 [M]. 长春：吉林人民出版社，2020.

[10] 谭术魁. 房地产经营与管理：第4版 [M]. 北京：首都经济贸易大学出版社，2020.

[11] 李德智. 房地产开发与经营 [M]. 北京：机械工业出版社，2020.

[12] 张洪力，董亚琼. 房地产经济学：第2版 [M]. 北京：机械工业出版社，2020.

[13] 平准. 图解房地产会计实操 [M]. 北京：中国纺织出版社，2020.

[14] 高宏杰. 地产行业项目运营实战 [M]. 北京：机械工业出版社，2020.

[15] 宋永发. 房地产项目投资与策划 [M]. 北京：机械工业出版社，2020.

[16] 黄名剑，张文婷，张兆林. 银行信贷操作管理 [M]. 北京：中国金融出版社，2020.

[17] 余佳佳，郭俊雄. 房地产开发经营与管理 [M]. 成都：西南交通大学出版社，2019.

[18] 柴强. 房地产估价 [M]. 北京：首都经济贸易大学出版社，2019.

[19] 柳立生，贺丹. 房地产开发与经营 [M]. 武汉：武汉理工大学出版社，2019.

[20] 廖俊平. 房地产经纪行业研究 [M]. 广州：中山大学出版社，2019.

[21] 许明，范长红.房地产企业税收实务深度解析与会计处理［M］.上海：立信会计出版社，2019.

[22] 吴增胜.大数据解码商业地产［M］.北京：知识产权出版社，2019.

[23] 崔爱丽.房地产企业会计与纳税真账实操从入门到精通［M］.北京：中国铁道出版社，2019.

[24] 邓宇，袁志强.基于战略联盟的房地产企业盈利模式及其绩效影响因素研究［M］.阳光出版社，2019.

[25] 蔡昌，黄洁瑾.房地产企业全程会计核算与税务处理：第5版［M］.北京：中国市场出版社，2019.

[26] 李盼盼，韩华丽.房地产开发报建［M］.沈阳：东北大学出版社，2018.

[27] 周正辉，李本里.房地产投资分析［M］.沈阳：东北大学出版社，2018.

[28] 周正辉，李盼盼.房地产估价［M］.沈阳：东北大学出版社，2018.

[29] 赖一飞，陈文磊，郑志刚.房地产开发经营管理学［M］.武汉：武汉大学出版社，2018.

[30] 高武，薛姝.房地产开发与管理［M］.徐州：中国矿业大学出版社，2018.

[31] 朱德义.房地产财务核算与成本控制（图解版）［M］.广州：广东经济出版社，2018.